KB241356

시간을 버리는 읽기
시간을 버는 읽기

강병재

(사)한국국어능력평가협회 연구원이며, 교과토론연구소 소장과 청소년출판협의회 자문위원으로도
활동하고 있다. '전국 청소년 독서논술 토론 대회', '경기도 고등학생 토론 대회', '청소년 리더십
토론 캠프' 등을 진행했다. 독서와 토론, 글쓰기를 주제로 한 대중 강의를 하고 있다. 지은 책으로
《토론=디스커션+디베이트》, 《생각이 자라나는 토론수업》, 《두 시간에 배우는 글쓰기》 등이 있다.
hopekbj33@gmail.com
http://www.seogamdo.com

**시간을 버리는 읽기
시간을 버는 읽기**

초판 1쇄 펴냄 2014년 6월 2일
     2쇄 펴냄 2015년 7월 10일

지은이 강병재
펴낸이 홍석근
편집 김동관, 김슬지, 이승희
표지 일러스트 김현정

펴낸 곳 평사리 Common Life Books
신고번호 313-2004-172 (2004. 7. 1)
주소 (121-896) 서울시 마포구 월드컵로 74(서교동, 원천빌딩) 6층
전화 (02) 706-1970 **팩스** (02) 706-1971
www.commonlifebooks.com
commonlifebooks@gmail.com

ISBN 978-89-92241-57-1 (13370)

* 잘못된 책은 바꿔드립니다.
* 가격은 표지에 있습니다.

제대로 읽어서 시간을 버는 한 문장 독서법

시간을  읽기

강병재 지음

평사리

머리말

바야흐로 읽기의 전성시대입니다. 예전보다 상상할 수 없을 정도로 더 많이 읽어야 하는 시대가 된 것입니다. 어디를 가나 사람들은 스마트폰에서 시선을 떼지 못하고 무언가를 읽느라 여념이 없습니다. 버스 정류장에서, 은행에서, 병원에서, 조금이라도 틈만 나면 바로 스마트폰을 열고 읽을거리에 눈을 붙입니다.

한 시간만 지나도 온갖 뉴스와 블로그의 새 글, 페이스북과 트위터의 새로운 소식들이 넘쳐납니다. 그중에서 정말 궁금한 것들만 읽기에도 시간이 부족할 정도로 읽을거리가 많습니다.

언제든 원하는 정보에 접근할 수 있는 능력을 갖추게 된 데에는 스마트폰의 공이 큽니다. 하지만 그런 시대가 되었다고 해서 읽기와 쓰기 능력까지 덩달아 갖추어지는 건 아닙니다. 그저 가십거리 정도의 가벼운 정보, 혹은 자세한 내용은 알 수 없는 '카더라'라고 할 수밖에 없는 정보를 얻게 된 것일 뿐입니다. 스마트폰을 통해 언제 어디서나 원하는 정보에 쉽게 접근할 수 있는 상황에서, 정작 중요한 것은 내 삶에 도움이 되는 정보로 가공하기 위해 더 깊이 읽어야 하는 것입니다. 바야흐로 읽기와 쓰기 능력이 더욱 절실하게 필요한 시대가 된 것입니다.

그런데 다들 아시다시피 읽기 능력을 갖추기는 쉽지 않습니다. 2004년 한국교육개발원의 조사에 따르면, 글에서 정보를 얻어 지식이나 기술 습득이 자유로운 사람은 놀랍게도 전체 인구의 2.4%라고 합니다. 또한 중학교 이상 정도의 교과서 내용을 읽고 이해할 수 있는 사람을 실질 문해자라고 하는데, 비문자해 교육단체에서는 그저 읽기만 할뿐 내용을 제대로 파악하지 못하는 비문해자가 상당하다고 보고 있습니다.

이렇듯 읽기 능력을 갖추기가 어려운 것은 첫째, 글이 본래 복잡한 구조물인 이유가 가장 큽니다. 글은 글자와 낱말, 구와 문장, 문단, 단락 등 여러 요소들이 모여 복합적으로 이루어진 구조물이라고 할 수 있는데, 글자부터 단락까지 모든 구성 요소에 만만한 것이 없습니다. 글자를 익히기 위해서도 상당한 시간과 노력이 필요하며, 낱말 역시 그렇고, 문장을 제대로 읽기 위해서는 문법적인 요소까지 이해해야 하는 아주 어려운 과정이기 때문에 더 많은 시간과 노력이 필요합니다.

실제로 문장을 제대로 읽는 사람이 글을 제대로 읽는 사람의 비율보다는 높겠지만, 상당한 읽기 능력을 갖춘 사람만이 문장을 제대로 읽을 수 있다고 보았을 때 이 또한 결코 많지는 않다고 할 만큼 읽기는 쉬운 일이 아닙니다. 그렇다고 읽기 능력을 갖추기 위해 수학 공식을 외우듯 붙들고 공부하는 사람도 없습니다. 그래서 많은 사람들은 고등학교를 졸업하고 대학을 졸업해도 그만그만한 읽기 능력에 머물고 맙니다.

그러나 직장에 들어가서 직무를 수행하게 되면서부터 읽기 능력을 절감하게 됩니다. 한 글자, 한 낱말, 한 문장 등 아주 사소한 의미 단위도 소홀히 해서는 직무를 제대로 수행해 낼 수 없다는 걸 경험하게 되는 것입니다. 물론 과장이라고 할 수도 있지만, 실제로 한 문장 잘못 쓴 계약서로 인해 낭패를 당한 소식을 종종 접할 수 있을 정도여서 크게 과장은 아닌 것입니다. 하지만 어디서부터 시작해야 할지 막막합니다. 또 뾰족한 방법이 있는 것도 아니어서 시작하기도 어렵습니다. 그저 다시 문법 공부를 하고, 다시 책을 읽는 방법밖에 없는 것이 현실입니다.

직장에서만 읽기 능력이 필요한 건 아닙니다. 대학원에 진학해서 공부를 계속하는 사람들은 더 절박합니다. 하루에 읽어야 하는 분량이 엄청납니다. 논문 읽기는 하루라도 멈출 수 없습니다. 계속해서 새로운, 꼭 읽어야만 하는 논문이 쏟아져 나오기 때문입니다. 세나가 학위 논문이든 학회지에 보낼 논문이든 본격적으로 논문을 쓰게 되면, 읽어야 하는 양은 가히

엄청나서 혹사당하는 눈이 불쌍할 정도가 됩니다.

그런데 만약, 그렇게 읽어야 하는 사람이 읽기 능력을 갖추지 못했다면 그 결과는 불을 보듯 뻔합니다. 다른 사람이 두 권 읽을 시간에 한 권밖에 읽지 못한다면 학계에서 퇴출되는 건 시간문제일 것입니다. 같은 시간을 공부한다면, 다른 사람이 두 권 읽을 시간에 세 권은 읽으려면, 읽기 능력을 높이는 수밖에 없으니 그만큼 읽기 능력이 중요한 능력이 될 것입니다.

그런데 앞서 얘기한 조사의 다른 나라 결과를 보면 희망이 있습니다. 우리나라에서는 2.4%에 불과한 전문적 읽기 능력을 갖춘 사람들이, 핀란드를 비롯한 서유럽 나라들에서는 우리보다 무려 10배 정도나 높은 20%대를 상회하고 있기 때문입니다.

이들은 대체 어떤 공부를 했기에 그런 읽기 능력을 갖추게 된 것일까요? 그 방법이 무엇인지 정확하게 알 수는 없지만 결과로 미루어 본다면 우리의 읽기 교육이 잘못된 것만은 분명합니다.

그러면 그 해법이 무엇일까요? 그 나라만의 독특한 교육 방법에 있을까요? 아마도 그렇지 않을 것입니다. 언어라는 큰 테두리에서 본다면 우리말이나 다른 나라 말이나 아주 큰 차이는 없기 때문입니다. 물론 각 언어의 독특한 차이를 인정하지 않겠다는 말이 아닙니다. 그 차이를 인정한다고 해도 언어라는 공통점에는 변함이 없다는 것입니다.

그래서 언어라는 공통점에서 바라보았을 때, 유독 우리나라 사람들만 읽기 능력이 떨어지는 이유는 읽기 교육 과정에 문제가 있는 게 분명하고 읽기 능력을 갖추기 위해 꼭 필요한 과정들을 거치지 않았다고 볼 수밖에 없습니다. 만약 읽기 능력을 갖출 수 있는 필수 과정들을 갖추었다면 앞서 말한 그런 참담한 결과는 나오지 않았을 것이기 때문입니다.

결국 우리나라의 읽기 교육은 읽기 능력을 갖추기 위한 필수 과정을 거치지 않은 결과로 보는 것이 맞을 것입니다. 본격적으로 그 원인을 규명하자면, 아마도 입시 위주의 읽기 교육이 도마에 오를 것입니다. 개인적으로 고등학교를 졸업할 때까지의 학교 국어 수업을 돌이켜 보더라도, 시험 위주의 공부였지 읽기 교육을 제대로 받았다고 하기가 어렵기 때문입니다. 그렇다고 배우지 않은 것도 아니어서 뭐라 평가하기가 쉽지는 않습니다. 다만, 국어 교육은 있었지만 읽기 교육을 비롯한 쓰기, 말하기, 듣기 등 국어 교육 전반에 관한 체계적인 연습이나 절차를 밟았다고 보기는 어려울 것 같습니다.

그것을 오로지 저만의 경험이라고 할 수는 없을 겁니다. 시험이 가장 우선 순위에 있는 우리의 교육 현실을 감안한다면 아마도 거의 대부분이 그럴 것입니다. 그리고 안타깝게도 지금 학교에 있는 우리 자녀들도 마찬가지일 것입니다. 아무리 현실이 경쟁 상황에 놓여 있다고 해도, 삶에 필요한 교육으로서 읽기 교육을 받고 그 성취를 평가하는 시험이 되기를 바랄 뿐입니다.

그 방법은 바로 읽기 교육 본질로 가는 것입니다. 그것은 읽기 과정에 꼭 필요한 것을 익혀서 읽기 능력을 갖추는 아주 당연하고 자연스런 과정입니다.

그런 의미에서 이 책을 썼습니다. 읽기의 전 과정을 여러 단계로 나누어 각 과정에서 어떤 것을 익혀야 제대로 된 읽기 능력을 갖출 수 있는지, 그런 이야기를 담았습니다. 이 책은 글자부터 시작해 한 편의 글을 읽는 과정까지 단계별로 나누어 해야 할 일을 정리하고, 연습할 수 있는 방법을 담았습니다. 단 한 문장을 읽는 데도 많은 능력이 필요합니다. 이 책의 구성을 따라가다 보면, 읽기의 각 단계가 그저 시간이 지난다고 해서 저절로 체득되는 것이 아님을 이해하게 될 것입니다. 아무쪼록 이 책이 읽기 능력을 갖추는 데 노움이 되기를 바랍니다.

차례

1장

한 문장 읽기

“산은 산이요, 물은 물이로다.”

이 말씀은 어떤 뜻일까요? 강의 중에 이렇게 질문을 하면, 많은 분들이 선뜻 대답하지 못합니다. 성철 스님의 매우 유명한 말씀이라는 것은 알고 있지만 그 뜻이 매우 심오하다고 알려져 있기 때문인데다, 실제 아무리 살펴봐도 딱히 답변할 만한 것이 없기 때문이기도 합니다.

그러다 시간이 좀 지나면, 이런 얘기가 나오기도 합니다.

“뭐, 말 그대로 아닙니까?”

그런 답변을 하는 분들이 나타납니다. 그래서 거기에 대고 이렇게 묻습니다.

“풀어서 말씀해 주시겠습니까?”

그렇게 다시 물으면 곤란해 하며 쉽게 답변을 하지 못합니다. “산은 산이요, 물은 물이로다, 이 말은 산은 산이고 물은 물이라는 말이다.”라고 대답한다면, 그것은 답변이 아니고 그저 반복한 것에 지나지 않기 때문입니다. 그래서 다시 침묵이 흐릅니다. 그리고 그 침묵은 쉬 깨지지 않습니다.

그러면 다시 질문으로 그 침묵을 깹니다.

“그런데 왜 우리는 이 말씀의 뜻을 잘 모르는 것일까요?”

그러면 다시 한 번 침묵 모드로 들어갑니다. ‘왜 모를까?’ 아마도 그런 생각을 할 것입니다. 하지만 곧 모르는 것이니까 모르는 것이라고 생각하는 모양입니다.

“아, 그거야 모르는 말이니까 모르는 것이지요.”

이렇게 말씀하십니다.

“그럼, 모르는 것은 글로 써서 설명해도 모르는 것일까요?”

이렇게 묻습니다. 그러면 다시 좀 심각해집니다. 어떻게 보면 맞는 말 같기도 하기 때문입니다. 그러면 저는 또 묻습니다.

“글은 알 수도 있고 모를 수도 있는 것일까요?”

그쯤 되면 마치 10년을 같이 지낸 사람의 다른 모습을 보는 것처럼 매일 보던 글이 낯설게 느껴집니다. 또한 글을 읽지 않는 게 문제지 글을 읽어도 그 뜻을 모를 수 있다는 것이 문제가 될 거라는 생각은 한 번도 해 보지 못했다는 표정을 보이기도 합니다.

우리는 글을 바빠서 못 읽을 뿐이라고 생각합니다. 혹은 읽을 만한 가치를 느끼지 못해 안 읽을 뿐이라고 생각합니다. 혹은 재미없고 따분해서 읽기가 싫다고 생각합니다. 사실 읽어도 그 뜻을 모른다는 진실은 뒤에 숨겨 두고 말입니다. 읽어도 이해하지 못한다는 사실을 모르고서 말입니다. 글을 읽고 감동을 받고, 글을 읽고 지혜를 얻고, 글을 읽고 기술을 얻고, 글을 읽고 목숨을 건져 본 경험도 없이 말입니다.

"마음이 가난한 자는 복이 있나니 천국이 저희 것이요."

성철 스님의 말씀이 끝나면 성경에 있는 예수님의 이 말씀으로 이야기를 이어 나갑니다. 불교 신자를 위해 한 문장을 예로 들었으니 기독교 신자를 위해서도 한 문장 예를 들어야 겠다는 생각 때문이었는데, 예가 두 개가 늘어나니 글 읽기의 어려움을 실감하게 되어 자주 애용하게 된 이유 때문입니다. 이 말씀 또한 쉽게 설명하기 어려운 뜻이어서 명쾌하게 설명 하는 분은 많지 않습니다.

그래서 이렇게 묻습니다.

"예수님의 이 말씀은 교회에 나가 목사님의 설교를 들어 이해하는 사람만 알 수 있는 뜻 일까요? 이 말씀을 처음 접하는 사람은 뜻을 알 수 없는 것일까요? 만약 그렇다면 글이라 는 거 이미 알고 있는 사람만을 위한 것인가요? 그렇다면 도대체 어떻게 글로서 새로운 사 실을 알릴 수 있다는 얘기가 될 수 있을까요? 종교적인 어려운 얘기라서, 이 두 가지 문장의 경우만 그런 것일까요?"

이쯤 되면 많은 분들이 심각해집니다. 정말 이해하기 힘든 문장들이 이렇게 많은 것일까? 글을 제대로 읽고 있는 것일까? 도대체 어떻게 읽어야 잘 읽는 것일까? 그런 생각들이 스치 기 때문일 것입니다.

그러면 어려운 이야기는 좀 떠나서 우리 일상으로 들어와, 한때 인터넷을 달구었던 재미있 는 웹툰의 한 장면을 예로 들어 봅니다. 한 남자가 머리를 깎으러 가서 짧게 쳐 달라고 하 자, 손님의 말을 잘못 이해한 여자 미용사가 얼굴을 한 대 치는 그림입니다.

머리를 짧게 잘라 달라는 말을 오해한 상황 때문에 웃고 말았지만, 많은 사람들은 이런 일들이 일상에서 심심치 않게 벌어지는 흔한 일이라는 것에 공감들을 합니다.

"천재는 1% 영감과 99%의 노력으로 이루어진다."

에디슨의 이 말을 마지막으로 제시하며 이렇게 묻습니다.

"이 문장의 뜻은 무엇이라고 생각하나요?"

그러면 많은 분들이 다시 어리둥절해 하십니다. 이상한 걸 계속 물어 대니 이번에도 그럴 것 같아 익히 알고 있는 내용에도 주저하시는 게지요. 그러다 어느 한 분이 이렇게 말씀하십니다.

"그거야, 노력이 중요하다는 것이죠."

그러면 이렇게 다시 묻습니다.

"무슨 이유로 그렇게 생각하십니까?"

그랬더니 이렇게 답변합니다.

"99%가 노력이니 거의 다 노력이라는 것 아닙니까? 그러니 노력이 중요하다는 것이지요."

이 문장의 뜻에 대해 한참을 이야기하고 나면 저는 에디슨의 일화를 말씀드립니다. 신문 기자가 찾아와서 인터뷰를 하고 갔는데 기자가 에디슨의 말을 잘못 이해했으며, 정작 에디슨이 하고 싶었던 말은 천재에게 중요한 건 1%의 영감이라는 것도 말씀드립니다. 노력은 누구나 할 수 있지만 영감은 노력으로 만들어지는 것이 아니라는 설명도 덧붙입니다.

몇 가지만 예로 들었지만, 실제로 우리가 이해하기 힘든 문장들은 무한할 정도로 많습니다. 그렇듯 문장을 이해하는 일은 결코 쉽지 않습니다. 그런데 모든 글은 문장을 기본으로 하는 만큼 한 문장을 제대로 읽어 내지 못한다면 글을 제대로 읽어 낼 수 있다고 보기 어려울 것입니다. 그러므로 글을 배운다면 한 문장 읽기부터 익혀야 합니다.

한 문장 읽기를 위해 알고 있어야 하는 것들

가. 글자

한 문장을 읽기 위해서는 그 문장으로 표현되어 있는 글자를 알아야 합니다. 우리글의 경우 우리 글자인 한글을 알고 있어야 하지요. 물론 한글을 모르는 사람은 많지 않기 때문에 사소한 일로 볼 수 있으나, 글자는 그런 문제가 아니라 읽기에서 없어서는 안 되는 중요한 요소입니다. 외국어의 경우를 생각하면 아주 쉽게 이해할 수 있습니다.

그러니 글공부의 첫째는 글자 공부가 됩니다. 우리는 전 세계에서 가장 쉬운 글자를 가졌으니 그런 의미에서 아주 행운을 타고난 셈입니다. 하지만 글자가 쉬워서 글까지 쉽다는 착시현상을 불러온 일은 조심해야 할 일 중의 하나입니다.

실제로 글자를 줄줄 읽는 것을 보고 그 뜻까지 모두 알고 있다고 생각하는 부모가 많습니다. 그러나 그것은 어디까지나 글자만 읽는 것입니다. 한글을 떼고 바로 글자만 읽는 모양새의 독서에 주의해야 합니다. 해결책은 한글을 떼면 본격적으로 읽기 공부를 하는 것입니다. 그렇지 않으면 한동안 글자만 읽는 상태가 지속될 수도 있기 때문입니다.

나. 낱말

글자를 알아도 낱말의 뜻을 모르면 역시 문장을 읽을 수 없습니다. 이렇듯 읽기의 어려움은 낱말에서부터 시작합니다. 그런데 낱말 공부 역시 쉽지 않습니다. 낱말이 가진 여러 가지 특징 때문인데, 이 특징들에 주의하여 공부해야 알 것입니다.

첫째, 낱말은 개념을 담고 있는 가장 작은 글입니다. 그런데 개념이라는 낱말이 또한 어렵습니다. 낱말의 뜻이 워낙 추상적인 데다가, 낱말의 뜻처럼 무언가를 설명한 글은 무언가에 대해 일부분만을 표현할 수밖에 없는 속성이 있기 때문입니다. 예를 들어 낱말이 개념을 담고 있는 가장 작은 글이라는 설명의 글을 보면, 이때 설명된 '개념을 담은 가장 작은'이라는 뜻은 낱말의 모든 걸 보여 준 게 아니라는 것입니다. 아무리 잘 된 설명이라고 해도 그 속성에는 변함이 없습니다. 오로지 있는 그대로, 입체적으로 보여 줘야 하는데 추상명사는 아예 보여 줄 수도 없기 때문입니다.

하여간 낱말 뜻은 완벽하지 못한 것이므로 낱말 뜻을 맹신해서도 안 되고 사전적 정의에서 멀어져서도 안 됩니다. 낱말의 그런 속성 때문에 읽기의 어려움이 생겨납니다. 그러니까 우리는 완벽하지 못한 낱말 뜻으로 서로 소통하고 있는 셈입니다. 그러니 그 소통이 완벽할 수 없습니다. 오히려 누군가가 지적한 대로 우리는 서로 뜻이 통하지 않는 낱말로 소통하며 살아가는 신기한 생활을 하고 있는지도 모릅니다. 물론 현재 수준도 아주 좋지만 말입니다.

둘째, 낱말은 숫자처럼 한 가지만 뜻하지 않습니다. 그리고 숫자만큼 무한대로 낱말이 많지도 않습니다. 그리고 세상에는 의미와 이름을 부여해야 할 것들이 정말 많아서 현재 있는 낱말은 항상 부족합니다. 그것이 낱말의 또 다른 속성입니다.

그러니 당연히 어떤 방법을 찾아야겠지요. 그래서 현재 사용하는 방법은 같은 낱말을 여러 비슷한 뜻을 가진 낱말로 사용하는 것입니다. 즉, 한 낱말에 한 가지 뜻만이 아니라 여러 가지 뜻을 담아 사용하는 것입니다. 또 다른 방법은 이미 있던 낱말을 사용하여 새로운 낱말을 만드는 것입니다.

셋째, 낱말은 논리적인 질서를 유지하면서 확장합니다. 구체적으로 말씀드리면, 낱말의 개념은 상위 개념과 하위 개념으로 구분되면서 의미를 확장합니다. 예를 들어, 자동차라는 가장 넓은 범위의 개념을 담고 있는 낱말 아래에 '버스'라는 하위 개념의 낱말을 사용하며, '버스'라는 개념 아래에 '마을버스'라는 더 하위 개념의 낱말로 확장합니다.

이런 속성을 가진 낱말이 모여 문장을 이루고, 그 문장을 통해서 비로소 어떤 의미가 만들어지고 전달됩니다. 그러니 글공부의 두 번째 과정은 당연히 낱말 공부입니다. 그런데 외국어를 배울 때 낱말 공부를 하는 경우는 흔해도, 우리말 공부를 위해 낱말 공부를 하는 사람은 찾아보기 힘듭니다. 물론 말하고 들으면서 우리말을 사용하기 때문에 따로 낱말 공부를 할 필요를 느끼지 못할 수도 있지만, 전문적 읽기 능력을 갖추려면 우리말의 낱말 공부도 반드시 해야 합니다.

또한 낱말 공부를 할 때 주의할 점이 있는데, 그것은 낱말을 뜻만 보며 공부하는 방식은 적절하지 않다는 것입니다. 보통 영어 낱말 공부를 할 때 보면, 사전이나 단어장 등을 펴 놓고 낱말과 낱말의 뜻만 익힙니다. 그러나 그런 낱말 공부 방법은 바람직하지 않습니다. 물론 책상과 같은 보통명사의 경우 그렇게 하는 것도 나쁘지 않지만, 복잡하고 미묘한 의미를 담고 있는 실제 사용례는 사전적 정의로 이해할 수 없는 경우도 많기 때문입니다. 다시 말하면, 낱말의 뜻을 알고 있다고 해서 모든 문장을 이해할 수 없는 것은 우리가 사용하려는 낱말이 그렇게 단순하게 적용되기보다는 그때그때 특수한 뜻을 담기 때문입니다. 그래서 낱말 공부는 글을 읽으면서 그 글 속에서 갖는 뜻을 중심으로 공부하는 것이 좋습니다.

이번에는 낱말 공부 방법을 하나 소개합니다. 그것은 상위 개념의 낱말과 하위 개념의 낱말을 함께 공부하는 것입니다. 그러면 실제 글을 읽을 때 도움이 되는데, 글은 보통 체계적인 논리를 풀어가는 방식이어서 가장 상위 개념의 낱말이 먼저 나오고 다음은 그 아래 하위 개념의 낱말들을 설명하는 방식이 대부분이기 때문입니다.

다. 문법

글자를 알고, 낱말을 알아도 문법을 모르면 역시 문장을 읽을 수 없습니다. 예를 들어 "책 우주."라는 문장이 있다고 할 때, 이 문장의 뜻은 무엇일까요? 책과 우주라는 두 낱말만 가지고서는 이 문장의 뜻을 알 수 없습니다. "책은 우주다."처럼 두 낱말이 뜻을 가질 수 있도록 문법적인 요소가 들어가야 비로소 뜻을 담은 문장이 됩니다.

이 문법이라고 하는 요소는 보통 복잡하고 어려운 것이 아닙니다. 문법이라고 할 때 우리가 당장 떠올리는 것만 해도 맞춤법, 띄어쓰기, 높임법 등이 있는데, 어느 하나만이라도 잘못되면 문장은 뜻을 담을 수 없거나 엉뚱한 뜻을 담게 되기 때문입니다.

특히 맞춤법은 너무 어려워서 맞춤법에 자신 있는 사람은 거의 없을 정도입니다. 띄어쓰기 역시 마찬가지입니다. 높임법도 그렇지요. 대략 떠오른 것만 해도 이러니 문법 전체를 따지면 문법 때문에 아예 글을 읽고 싶은 생각이 들지 않을 정도일 것입니다. (사실 우리가 여기서는 읽기 문제만을 다루니까 이 정도로 이야기하고 넘어가는 것이지, 쓰기를 생각하면 이건 아예 안 쓰는 게 상책일 정도로 어렵지요.)

이상으로 살펴본 것은 문장을 읽기 위해 필요한 사전 지식입니다. 초등학교 4학년 이상이면 글자와 낱말, 문법을 어느 정도 익히게 되는 나이가 됩니다. 그리고 중학생 정도가 되면 어느 정도 글을 읽을 수 있게 됩니다. 그리고 이때부터 어려운 낱말이 나타나기 시작해서, 공부를 게을리 하게 되면 당장 낱말 때문에 글을 읽기 어려운 상황에 처하게 됩니다.

하여간 그렇게 글자, 낱말, 문법 지식을 어느 정도 갖추게 되면, 이 글을 처음 시작할 때 말씀드렸던 '글을 읽기만 하면 되는 상황에 있다'는 생각을 하게 됩니다. 즉, 읽기 능력을 갖추게 되었다고 생각합니다.

그렇다면 다시 이 글의 앞부분으로 돌아가 볼까요? "산은 산이요, 물은 물이로다." 말입니다. 이 문장의 뜻을 읽기 위해서는 앞에서 말씀드린 대로 글자, 낱말, 문법을 알아야 합니다. 물론 우리는 이 세 가지를 알고 있습니다. 그렇다면 이 문장의 뜻은 무엇입니까? 여전히 답변하기 곤란한 상황입니다. 왜 그럴까요? 이제 그 이야기를 본격적으로 해 보려고 합니다.

라. 문장의 형식 ; 문장의 정보 유형

문장을 읽기 위해서 필요한 네 번째 사전 지식은 '문장이 정보를 담는 형식'입니다. 여기서 정보라고 한 것은 앞에서 '뜻'이라고 했던 말과 같은 의미입니다. (굳이 '뜻'이라는 낱말 대신 '정보'라는 낱말을 사용한 것은 문장이 궁극적으로 정보를 담는 것을 표현하기 위한 것입니다.) 그리고 이 문장의 형식은 우리말보다는 영어 공부에서 흔히 접하는 '문장의 5형식'이라는 말이 더 익숙할지 모르겠습니다.

우리의 경우, 초등학교 교과서에서 문장 성분을 다룰 때 나옵니다. 주어, 목적어, 서술어 등 문장 성분을 가르치기 위한 과정인데, 이때 문장의 형식을 소개하고 이 문장의 형식 속에 어떤 문장 성분이 있는지 소개합니다.

이후 중학교, 고등학교뿐만 아니라 우리말을 다루는 문법책에는 거의 **빠지지** 않고 등장합니다. 그러나 "우리말에는 문장의 유형이 세 가지가 있다. '무엇이 무엇이다', '무엇이 어찌

한다', '무엇이 어떠하다' 등 세 가지다." 이런 내용입니다. 그래서 많은 사람들은 영어의 5형식처럼 우리말도 세 가지 형식이 있다고 알고 있을 뿐입니다.

그런데 이 문장의 형식에는 중요한 점이 숨어 있습니다. 바로 문장의 형식에 따라 담을 수 있는 정보(뜻, 이하 계속 뜻의 의미로 사용하겠습니다)가 달라진다는 사실입니다. 즉, 세 가지 문장 형식 각각은 특정한 정보만 담을 수 있다는 것입니다.

1) 무엇이 무엇이다

이 형식의 문장은 어떤 대상에 대해 그 대상 자신의 정체에 대한 정보를 담습니다. 다시 말씀드리면, 이 문장에서는 문장의 주어 혹은 주체에 해당하는 '무엇'에 대해 '무엇'에 해당하는 정보만을 설명합니다. 그런데 뒤의 '무엇'은 수많은 '무엇'에 대한 정보 중의 하나입니다.

예) 첫사랑은 통과의례다.

이 문장에서 '첫사랑'은 주어 혹은 주체입니다. 그리고 '통과의례'는 '첫사랑'에 해당하는 정보입니다. 이렇듯 주어와 주어에 대한 정보로 이루어진 것이 이 문장의 형식입니다. 좀 더 명확한 설명을 위해서 주어를 '정보 대상'으로 부르겠습니다. 이는 문장이 정보를 다룬다는 입장에서 정보의 주체, 즉 정보 대상을 명확하게 표현하기 위한 것입니다. 즉, 이 문장 유형은 '정보 대상'과 '정보 대상의 정체 정보'의 구조로 이루어진 문장입니다. 여기서 '정체'란 정보 자체, 정보 주체에 대한 정보라는 의미입니다. 그러므로 이 문장은 '첫사랑'에 대해 '통과의례'적인 면이 있다는 정보를 담은 것으로 볼 수 있습니다. '첫사랑'의 매우 다양한 측면 중에서도 '통과의례'적인 면을 담고 있는 것입니다.

이 문장 유형을 통해 문장의 매우 중요한 특성 하나를 알 수 있는데, 그것은 어떤 문장도 정보 대상에 대해 완벽하게 모든 것을 담아낼 수 없다는 사실입니다. 이 말은 곧 한 문장으로는 어떤 대상을 완벽하게 알 수 없다는 것입니다. 거기서 한 걸음 더 나아가 100개의 문장이 있더라도 아마도 그 정보 대상을 파악하기 어려울 수 있습니다. 왜냐하면 그 정보 대상을 완벽히 알아야만 비교할 수 있는데, 그 비교 대상이 없기 때문입니다.

또, 이 문장 유형의 중요한 특징 가운데 하나는 다른 문장보다 '정보 대상'에 대한 중요한 정보를 담고 있다는 것입니다. 물론 다른 문장들도 정보 대상에 대한 중요한 정보를 담고 있지만, 궁극적으로 이 문장은 상황을 떠나 정보 대상의 총체적인 면을 담기 때문입니다. 또한 이 문장 유형은 정보 대상에 대한 새로운 면을 발견할 때마다 새롭게 추가 정보를 제공할 수 있는 문장 형식입니다. 그런 의미에서 다른 문장들보다 중요하기도 합니다.

2) 무엇이 어떠하다

이 형식의 문장은 '정보 대상(주어 혹은 주체, 이하 계속 '정보 대상'이라는 말을 사용하겠습니다)'의 상태 정보를 담습니다. 즉, 정보 대상의 모양, 색깔, 크기 등 정보 대상의 모든 상태 정보를 전달합니다.

예) 첫사랑은 아프다.

이 문장에서는 정보 대상 '첫사랑'의 상태인 '아프다'는 정보를 담아 전달하고 있습니다. 이 상태 정보는 대체로 불변의 상태를 말합니다. 즉, 정보 대상의 변하지 않는 속성 정보를 담고 있습니다. 그러나 꼭 그런 것만은 아닙니다. 정보 대상의 상황에 따라 달라질 수 있습니다. 여름의 상태와 겨울의 상태가 다를 수 있기 때문에 항상 불변의 상태는 아닙니다. 그러므로 어떤 상황인지 구별할 필요가 있습니다. 그래야 정확한 정보를 얻을 수 있기 때문입니다.

3) 무엇이 어찌한다

이 형식의 문장은 '정보 대상'의 움직임, 동작, 행동 정보를 담고 있습니다. 보통 우리가 동사라고 부르는 낱말의 정보를 담고 있습니다.

예) 첫사랑은 사람을 성숙시킨다.
이 문장에서는 정보 대상인 '첫사랑'의 행위, 즉 '사람을 성숙시킨다'는 정보를 전달합니다. 이 문장 유형에서 정보 대상은 무한할 정도로 많은 움직임이 있을 수 있기 때문에 앞에서 살펴본 두 유형보다 더 많이 상황에 따라 다른 정보를 담게 됩니다.

진실 혹은 사실이라는 입장에서 보면, 이 문장 형식이 가장 적은 진실을 담고 있습니다. '무엇이 무엇이다'는 항상 진실을 담고, 진실을 담기 힘들면 비유법을 통해 진실을 절반이라도 담으며, 아무리 상황이 달라진다고 해도 달라지지 않기 때문에 진실을 가장 많이 담고 있습니다. 또, '무엇이 어떠하다'는 대체로 진실을 담고 있다가 상황에 따라 달라지긴 하지만 그 속성이 갑자기 변하는 것이 아니기 때문에 그 다음으로 진실을 많이 담고 있습니다. 반면, '무엇이 어찌한다'는 속성 정보보다는 움직임을 전달하기 때문에 상황에 따라 세세하게 묘사할 필요가 있을 때 가장 많이 등장하는 문장 유형입니다. 그래서 주인공의 움직임을 서술해야 하는 소설에서 많이 볼 수 있습니다.

이렇게 해서 한 문장 읽기에 필요한 사전 지식 네 번째를 살펴보았습니다. 이 문장의 형식에서 하고 싶은 말씀은 첫째, 문장이 정보를 담고 있다는 것입니다. 둘째, 문장이 담는 정보는 문장의 형식에 따라 다르다는 것입니다. 셋째, 중요한 정보를 담은 문장 순서로 본다면 '무엇이 무엇이다', '무엇이 어떠하다', '무엇이 어찌한다'의 순서입니다.

이제 이 장을 마무리하기 위해 다시 처음으로 돌아가 보겠습니다.

"산은 산이요, 물은 물이로다."

이 말씀은 어떤 뜻입니까? 이 질문은 문장의 뜻을 물어보는 것입니다. 다른 말로 하면 이 문장이 담고 있는 정보가 무엇인지를 묻는 것입니다. (이제 문장이 정보를 담고 있다는 설명이 낯설지 않은 것 같습니다.)

그렇다면 이 문장의 정보를 어떻게 읽어 내야 할까요? 먼저 이 문장을 읽기 위해 필요한 것을 살펴보겠습니다. 문장을 읽기 위해서는 글자, 낱말, 문법을 알아야 합니다. 그래야 가장 기본적인 문장의 의미를 알 수 있습니다. 그 다음에 문장의 유형과 각 유형의 특징을 알고 있으면 문장이 담고 있는 정보의 특성을 알 수 있어서 문장의 의미를 이해하는 데 도움을 받을 수 있습니다. 이미 글자, 낱말, 문법을 알고 있으니 문장의 유형을 통해 의미를 파악해 보겠습니다.

이 문장은 크게 세 가지 정보를 담고 있습니다. 하나는 '산은 산이요'라는 문장 속의 절입니다. 다른 하나는 '물은 물이로다'라는 문장 속의 절입니다. 마지막으로 '산은 산이요, 물은 물이로다'라는 문장입니다.

세 가지 정보 중에서 '산은 산이요'라는 절과 '물은 물이로다'라는 절이 담고 있는 정보는 사실상 없다고 할 수 있습니다. 동어반복이기 때문입니다. 본질적으로는 그렇습니다. 문장은 본래 정보 대상과 그에 관련된 정보를 담아야 하는 것입니다. 그런데 정보 대상이 정보로 제시되고 있으니 사실상 정보를 담고 있지 않은 셈입니다.

하지만 다르게 해석할 수 있습니다. '산은 산이요'에서 뒤의 '산이요'를 있는 그대로 받아들이면 '산은 그저 산 자신일 뿐이다'라고 해석할 수 있습니다. "나는 나고, 너는 너다."라는 문장을 생각하면 이해할 수 있을 것 같습니다. 이 문장에서 '나는 나이고, 너는 너이고, 너와 나는 다르다.' 이렇게 해석할 수 있기 때문입니다. 물론 이렇게 해석하는 것도 근거가 약하고 확인할 수 있는 방법 또한 없기 때문에 결국 추측으로 끝날 뿐이지만 말입니다. 하여간 마찬가지로 '산은 산일 뿐이고, 물은 물일 뿐이다'라는 정보를 담았다고 볼 수 있지만 역시 추측일 뿐입니다. 확인할 길이 없습니다. 결국 이 문장은 추측할 수 있을 뿐, 해석할 길은 없습니다.

"마음이 가난한 자는 복이 있나니, 천국이 저희 것이요."

이번엔 이 문장의 의미를 찾아보겠습니다. 일단 이 문장의 정보 대상은 '마음이 가난한 자'입니다. 즉, '마음이 가난한 자'에 대한 정보를 담은 문장입니다. 그리고 그 정보는 '복이 있다'는 것입니다. 그리고 '천국이 저희 것이요'라는 한 가지 정보를 더 담고 있습니다. 이 문장의 정보 대상은 '천국'입니다. 정보는 '저희 것'입니다.

그런데 문장의 앞 절 '마음이 가난한 자는 복이 있나니'의 정보 대상인 '마음이 가난한 자'의 의미를 알기 어렵습니다. '마음이 가난한 자'는 사전에 나와 있지 않은 말로, 본래 '마음'이 '가난할' 수는 없습니다. 이는 비유적으로 '마음'을 '가난'에 표현한 것인데, 사실 예수님 외에는 이 표현이 무슨 뜻인지 알기 어렵습니다. 물론 "내 마음은 호수다."처럼 보통 사람들도 이해할 수 있는 비유의 경우와는 달리 예수님의 이 표현을 보통 사람이 알기는 어렵습니다.

그러므로 전체 문장의 의미를 알기도 전에 문장 안의 한 부분을 이해할 수 없으니, 마치 낱말을 몰라서 이해할 수 없는 문장처럼 되어 버렸습니다. 그래서 역시 앞의 문장과 마찬가지로 이해할 수 없는 문장입니다.

"천재는 1% 영감과 99%의 노력으로 이루어진다."

마지막으로 이 문장을 이해해 보겠습니다. 이 문장의 정보 대상은 '천재'입니다. 그리고 정보는 '1% 영감과 99%의 노력으로 이루어진다'는 것으로, 비교적 단순한 구조입니다. 따라서 이 문장의 의미를 쉽게 파악할 수 있어야 합니다. 그리고 실제로 그렇습니다. 즉, 이 문장은 "비행기가 떴다."처럼 '천재는 1% 영감과 99%의 노력으로 이루어진다'는 단순한 정보를 담고 있습니다.

그런데 1% 영감과 99%의 노력 가운데 무엇이 더 중요하냐는 질문에는 고개를 갸우뚱할 수밖에 없습니다. 하지만 그것은 당연한 반응입니다. 왜냐하면 본 문장에는 무엇이 더 중요한지, 그런 정보는 담겨 있지 않기 때문입니다. 그러므로 앞의 질문은 이 문장에서 답을 구할 수 없는 질문이었던 것입니다.

이상으로 한 문장 읽기 이야기를 마치려고 합니다.

한 문장 읽기를 잘하려면 글자를 알고, 낱말을 충분히 알고, 문법 지식도 갖추어야 합니다. 거기에 문장의 구조와 문장이 담는 정보의 특성들도 알면 문장을 이해하는 데 도움이 될 것입니다. 그리고 이번 장을 통해서 한 문장이라도 그저 읽기만 하면 되는 것이 아니라 문장의 의미를 정확하게 이해하기 위해 필요한 절차가 있다는 것과, 그것을 위해 어떻게 해야 하는지 이해를 했으면 좋겠습니다.

다음 장에서는 두 문장 읽기에 대한 이야기가 이어집니다. 역시 좀 낯선 이야기가 될 수 있습니다. 읽기면 읽기지 두 문장 읽기는 또 무슨 의미일까 싶을 것입니다. 하지만 글을 읽을 때 한 문장을 읽고 다음 문장을 읽는 것은 너무나도 자연스런 과정인 만큼 한번 생각해 보는 시간이 되기를 바랍니다.

　문장이 정보를 담고 있다는 것은 분명한 사실이고 매우 중요함에도 불구하고 우리는 이를 너무도 당연히 여겨 간혹 잊곤 합니다. 그래서 이렇게 큼지막하게 적어 놓았습니다. 문장은 정보를 담기 위한 그릇입니다. 그것이 문장의 역할입니다.

> 문장은 정보를 전합니다.

01 다음 그림을 보고, 그림 속에 무엇이 있는지 써 보세요.

✎ 좀 당황스런 질문인가요? 말 그대로 그림 속에 있는 것을 적어 보는 공간입니다. 이유는 좀 뒤에 설명하겠습니다.

02 다음 문장을 읽고, 문장 속에 무엇이 있는지 써 보세요.

> 그림 속에 우산 쓴 사람이 있습니다.

✎ 역시 말 그대로입니다. 문장 안에 무엇이 있는지 적어 보세요. 참, 문장에 무엇이 있는지 묻는 것이 아니라 문장에 ~이 있다고 했으니 '~이 있느냐'라는 질문입니다. 역시 이유는 좀 뒤에 설명하겠습니다.

앞 두 질문의 목적은 아래 이야기를 하려고 한 것입니다. 우리는 일상에서 삶에 필요한 정보를 얻습니다. 당연히 글에서도 우리는 정보를 얻습니다. 단순하지만 분명한 사실을 좀 낯설게 말씀드렸습니다.

03 다음 글을 읽고, 무슨 뜻인지 써 보세요.

السلام عليكم

✎ 역시 말 그대로입니다. 아랍어를 모르시면 그 뜻을 모르겠죠? 모르시나요? 그렇다면 모른다고 쓰시면 됩니다.

04 다음 글을 읽고, 무슨 뜻인지 써 보세요.

그리 속에 우사이 있습니다.

✎ 앞의 질문과 같습니다. 무슨 뜻이라고 생각하는지 적어 보세요.

24 시간을 버리는 읽기, 시간을 버는 읽기

05 다음 글을 읽고, 무슨 뜻인지 써 보세요.

> 그림 우산

✎ 앞의 질문과 같습니다. 무슨 뜻이라고 생각하는지 적어 보세요.

06 다음 글을 읽고, 무슨 뜻인지 써 보세요.

> 그림 속에 우산 쓴 사람이 있습니다.

✎ 앞의 질문과 같습니다. 무슨 뜻이라고 생각하는지 적어 보세요. 이유는 곧 말씀드립니다.

앞에서 여러 가지를 물은 것은 아래 이야기를 말씀드리기 위함이었습니다. 아마도 동의하실 것으로 생각합니다.

POINT

문장을 읽고,
정확한 정보를 얻는 일은 쉬운 일이 아닙니다.
글자를 알아야 하며,
낱말을 알아야 하며,
문법을 알아야 하는 등
정확한 정보를 얻기 위해 필요한
모든 것을 갖추어야 하기 때문입니다.

어떤 대상에 대해
　어떤 정보 하나를 담은 **문장**에서
　대상과 **정보**를 파악하는 것

우리가 무엇을 안다고 하는 것은 무엇이 무엇이라고 말할 수 있어야 합니다. 그래서 한 문장 읽기를 '무엇'이라고 표현해 보았습니다. 여러분들도 한 문장 읽기를 '무엇'으로 표현해 보세요.

07 다음 문장을 읽고, 이 문장의 뜻과 가장 가까운 것을 고르고 그 이유를 적어 보세요.

> 연필은 필기구다.

① 연필은 검은색을 표현할 때 사용하는 도구다.

② 연필은 필기할 때 사용하는 도구다.

③ 연필은 필통에 넣고 사용하는 도구다.

✎ 근본적으로 문장의 뜻이 같은 문장은 그 문장 외에는 없습니다. 그러므로 모든 문장은 뜻이 다릅니다. 그저 유사할 뿐입니다. 그래서 이 질문은 생각보다 어렵습니다.

08 다음 문장을 읽고, 이 문장의 뜻과 가장 가까운 것을 고르고 그 이유를 적어 보세요.

> 연필이 구른다.

① 연필이 구르기를 반복한다.

② 연필이 돌면서 움직인다.

③ 연필이 언젠가는 멈출 것이다.

🖉 문장은 문장에서 사용하는 낱말 안에서 정보를 표현합니다. 꼭 그만큼만 정보를 담습니다.

09 다음 문장을 읽고, 이 문장의 뜻과 가장 가까운 것을 고르고 그 이유를 적어 보세요.

> 연필이 짧다.

① 연필이 매우 짧아서 쓸 수 없는 상태다.

② 연필의 한쪽 끝에서 다른 쪽 끝까지의 사이가 가깝다.

③ 연필을 아껴서 쓰느라 매우 짧아졌다.

🖉 우리는 흔히 문장을 보고 그 속에 담기지 않은 내용까지 보곤 합니다. 아마도 그렇게 하는 설 살 읽는 것으로 알고 있어서 그런 이유가 커 보입니다. 하지만 잘못된 추론이 참 많습니다. 확실한 것인지 항상 점검하며 읽어야 합니다.

한 문장 읽기가 무엇을 읽는지 생각해 본 시간이 되었나요? 우리는 한 문장을 그저 읽습니다. 문자처럼 그저 쓰여 있기 때문에, 눈에 들어오기 때문에 읽습니다. 그래서 무엇을 읽는지 둔감해졌습니다. 문장에서 우리는 무엇을 읽을까요?

> 위 문장들을 보면,
> 연필과 연필의 정보,
> 즉, **대상**과 **정보**를 전합니다.

여기서는 문장이 정보를 전달할 때 어떤 규칙을 따르지는 않을까, 그런 생각을 해 보려고 합니다. 특히 우리말의 문장은 세 가지 밖에 되지 않으니, 아무리 생각해도 신기할 따름입니다. 세상의 모든 정보를 이 세 가지 모양으로 다 담을 수 있다니!

> 그런데 이 문장들은,
> '**무엇이 무엇이다**'의 모양이며,
> '**무엇이 어찌한다**'의 모양이며,
> '**무엇이 어떠하다**'의 모양입니다.

10 다음 문장을 읽고, 문장의 유형, 대상, 정보를 찾아 적어 보세요.

> 가을이 왔다.

이 모양의 문장은 어떤 정보를 담고 있는 것으로 보이나요? 정보 대상의 행동을 담고 있다고 해도 될까요?

11 다음 문장을 읽고, 문장의 유형, 대상, 정보를 찾아 적어 보세요.

> 파란 글씨가 내 글씨다.

이 모양의 문장은 어떤 정보를 담고 있는 것으로 보이나요? 정보 대상의 다른 모습을 담고 있다고 해도 될까요?

12 다음 문장을 읽고, 문장의 유형, 대상, 정보를 찾아 적어 보세요.

> 나무가 정말 크다.

이 모양의 문장은 어떤 정보를 담고 있는 것으로 보이나요? 정보 대상의 상태를 담고 있다고 해도 될까요?

모든 글은 문장이 모여 만들어진 집입니다. 그래서 가장 기본적인 재료는 문장입니다. 그러므로 글은 문장의 질에 따라 달라집니다. 그만큼 문장이 중요합니다.

그런데 문장 읽기가 소홀히 다루어진 측면이 있습니다. 문장 읽기는 그리 어려운 일이 아니라고 생각하기 때문입니다. 글자를 알면 그저 문장의 뜻도 쉽게 이해할 수 있는 것으로 알고 있습니다. 그래서 문장 읽기의 방법도 특별히 없는 것이 현실입니다.

하지만 문장을 읽고 그 뜻을 이해하는 일은 쉬운 일이 아닙니다. 특히 우리말은 정보 대상인 주어의 생략이 빈번하고, 낱말의 위치가 거의 자유롭게 이동할 수 있어서 영어 등 다른 언어에 비해 좀 더 어려운 면이 있기 때문입니다. (그렇다고 그것이 나쁜 것만은 아닙니다. 생략은 부수적인 정보보다는 꼭 필요한 내용만 담았다는 것으로, 정보 전달에는 매우 효과적이기 때문입니다.) 하여간 문장 읽기는 쉬운 일이 아닙니다. 그래서 문장 읽기 방법을 다룬 것입니다

문장 읽기를 간단히 정리하면 다음과 같습니다.

---

1. 문장은 정보를 담고 있다.
2. 문장은 정보 대상과 내용, 두 부분으로 구성되어 있다.
3. 문장의 유형은 무엇이 무엇이다, 무엇이 어찌한다. 무엇이 어떠하다 등 세 가지가 있다.
4. 문장의 유형에 따라 각각 정보의 내용이 다르다. '무엇이 무엇이다'는 정보 대상의 설명, '무엇이 어찌한다'는 정보 대상의 행위, '무엇이 어떠하다'는 정보 대상의 상태 정보를 담고 있다.
5. 한 문장 읽기는 정보 대상과 내용을 파악하는 일이다.

이 부분은 한 문장 읽기를 연습할 수 있도록 앞의 예시 문장들을 모아 놓은 것입니다. 왼쪽에서 밑줄에 주의해서 읽고, 오른쪽에서 밑줄 없이 읽어 보세요.

그림 속에 우산 쓴 사람이 있습니다.	그림 속에 우산 쓴 사람이 있습니다.
연필은 필기구다.	연필은 필기구다.
연필이 구른다.	연필이 구른다.
연필이 짧다.	연필이 짧다.
가을이 왔다.	가을이 왔다.
파란 글씨가 내 글씨다.	파란 글씨가 내 글씨다.
나무가 정말 크다.	나무가 정말 크다.

2장

두 문장 읽기

두 문장 이야기

"산은 산이요, 물은 물이로다."

이 문장은 알 수 없는 정보를 담고 있다고 했습니다. 그래서 보통 사람들은 이 문장을 읽고 난 뒤 아무런 정보도 얻을 수 없습니다. 그러면 특별한 사람은 이 문장을 읽고 정보를 얻을 수 있을까요? 아마도 그렇지 못할 것입니다. 만약 그렇다고 한다면 눈을 감고도 볼 수 있는 것과 같은 초능력을 가진 사람이어야 합니다. 알 수 없는 정보가 담긴 문장을 읽고 정보를 얻을 수 있다고 하니까요.

그렇다면 이 문장은 어떤 가치가 있을까요? 왜 이런 문장을 쓸까요? 이런 의문이 듭니다. 결론부터 말씀드리면, 이런 문장은 당연히 필요합니다. 무언가 하고 싶은 말이 있다면 자연스레 나올 수밖에 없는 문장입니다. 왜냐하면 이렇게 '선언'하는 문장이 있어야 이 '선언'한 문장을 설명할 수 있기 때문입니다. 그렇게 '선언'한 문장을 설명하면, 비로소 보통 사람들이 이해할 수 있는 정보가 됩니다. 그렇게 사람들은 글을 읽고 정보를 얻습니다.

"산은 산이요, 물은 물이로다."

"이 말은 산 속 계곡에서 흐르는 물을 보면, 산은 산대로 있는 것이고 물은 물대로 흘러가는 것을 표현한 것으로, 말 그대로 산은 산일뿐이고 물은 물일뿐이다. 즉, 섞여 있다고 하나가 아니다. 산은 산대로, 물은 물대로 있는 것이다. 그러므로 이 말씀은 사물을 있는 그대로 보라는 뜻이다."

뒤의 말씀은 성철 스님의 제자분이 말씀하신 것입니다. 이렇게 설명하면 보통 사람들도 이해할 수 있겠지요? 이 말씀을 한 문장으로 줄이면 다음과 같이 쓸 수 있습니다.

"사물을 있는 그대로 보라는 뜻이다."

그러면 이 문장을 본래의 문장에 이어 보겠습니다.

"산은 산이요, 물은 물이로다." 이 말씀은 사물을 있는 그대로 보라는 뜻이다.

어떻습니까? 보통 사람은 도저히 알 수 없는 문장이 누구나 이해할 수 있는 문장이 되지 않았나요? 이것이 글을 쓸 때 한 문장으로 그치지 않고 두 번째 문장을 쓰는 이유입니다. 당연히 두 번째 문장으로 해결되지 않으면 세 번째 문장을 쓰게 될 것입니다.

"마음이 가난한 자는 복이 있나니, 천국이 저희 것이요."

이 말씀도 뒤에 이 문장을 이해할 수 있는 정보를 제공하면 이해할 수 있는 정보가 될 것입니다. 즉, '마음이 가난한 자'가 어떤 사람인지 설명해 주면 되겠지요. 그러나 예수님께서는 이를 해설해 주시지 않았습니다. 그래서 우리는 추측할 수밖에 없다고 했습니다. 어쩌면 예수님께서는 너무 쉬운 말이어서 누구나 알아들을 수 있다고 생각하셨을지도 모릅니다. 그래서 따로 설명을 하시지 않은 것일 수도 있습니다.

예수님의 말씀인데 예수님께서 직접 설명하시지 않았으니 우리는 그 뜻을 추측할 수밖에 없습니다. 하지만 만약 누군가가 말한 것을 다른 누군가가 설명하지 않아서 누구도 알 수 없다면, 그렇다면 우리가 글을 사용하는 데 있어서 너무도 큰 결함일 것입니다. 그렇게 해서는 의사소통을 하기가 너무 힘들어서 지금처럼 글이 널리 쓰이지 않았을지도 모릅니다.

그런데 이 같은 문장도 알 수 있는 방법이 있다고 합니다. 하지만 그 방법은 너무 어려워서 특별한 사람들만 지닐 수 있는 능력이라고 알려져 있습니다. 그것은 아는 사람들만 아는, 경험한 사람만이 알 수 있는 세계이기도 하고, 경험을 하지 않았다고 해도 직감적으로 느낄 수 있는 세계이기도 한데, 역시 어려운 이야기입니다. 그래서 보통 사람들은 그 경험을 공유한 사람, 그 말뜻을 이해한 사람에게 설명을 듣습니다. 그 사람에게 설명을 들으면, 보통 사람들도 거의 알 수 있게 됩니다. (그리고 그 설명이 널리 알려지게 되면 상식이 되는데, 이렇게 상식이 된 문장을 모르면 교양이 없는 사람이 되겠지요.)

"천재는 1% 영감과 99%의 노력으로 이루어진다."

이 문장은 알 수 없는 정보를 담고 있지는 않다고 했습니다. 말 그대로 '천재'는 '1% 영감과 99%의 노력으로 이루어진다'는 뜻이기 때문입니다. 그런데 이 문장을 두고, "1%의 영감과 99%의 노력 중에서 어느 것이 더 중요합니까?" 하고 묻는다면 답변하기 곤란하다고 했습니다. 그리고 그 이유를 이 문장 안에는 질문에 답할 수 있는 정보가 없기 때문이라고 했습니다.

그런데 이 문장도 그 질문에 답변할 수 있는 방법이 있습니다. 바로 앞의 두 문장처럼 이 문장을 해설하는 문장이 있으면 됩니다. 예를 들어,

"천재는 1% 영감과 99%의 노력으로 이루어진다." 이 말은 아무리 노력을 하더라도 1%의 영감이 없다면 천재가 될 수 없다는 뜻이다.

이렇게 설명했다면 이 문장은 1%밖에 안 되는 영감의 중요성을 표현한 문장이 됩니다. 그런데 다음과 같이 하면 문장의 뜻이 달라집니다.

"천재는 1% 영감과 99%의 노력으로 이루어진다." 이 말은 영감은 1%밖에 되지 않고 말 그대로 99%가 노력의 몫인 만큼 노력하지 않는 이상 천재가 될 수 없다는 뜻이다.

이렇게 되면 이 문장은 노력의 중요성을 표현한 문장이 됩니다. 설명하는 문장에 따라 뜻이 달라지는 것이 '선언' 문장의 운명인 셈입니다. 다른 말로 하면, 문장은 그만큼 하고 싶은 말을 정확하게 전달할 수 없는 구조라는 것을 증명하는 셈이기도 합니다.

이상으로 1장의 이해가 곤란했던 문장 세 개를 두 번째 문장과 이어 해석해 보았습니다. 이제 이번 장에서 할 이야기를 본격적으로 해 보겠습니다. 이번 장의 목표는 두 문장의 해석입니다. 다른 말로, 두 문장에서 글쓴이가 전달하고자 한 정보를 얻어 내는 일입니다.

그런데 다행히 두 문장의 형식도 복잡하지 않습니다. 유형으로도 세 가지밖에 되지 않습

니다. 앞서 문장의 종류도 세 가지였지요. 다음은 두 문장의 유형입니다. 이제 두 문장의 해석을 유형별로 나누어서 설명하겠습니다.

두 문장의 유형

가. 중심 문장 ; 뒷받침 문장

바로 앞에서 예를 든 유형으로, 앞의 중심 문장은 뒤에 오는 문장에 따라 뜻이 달라질 수 있는 문장을 말합니다. 이때 중심 문장은 하고 싶은 말을 다 담지 못한 문장이기도 하며 두 문장을 놓고 볼 때 하고 싶은 말이 담긴 문장이기도 합니다. 그리고 중심 문장에 따라오는 문장은 중심 문장을 뒷받침한다고 해서 뒷받침 문장으로 부르는데, 주요 역할은 중심 문장을 풀이하는 것입니다. 풀이 유형은 두 가지인데, 하나는 중심 문장의 일부를 풀이하고 다른 하나는 중심 문장이 담고 있는 정보를 풀이합니다.

1) 중심 문장의 일부를 풀이하는 뒷받침 문장

예) 세종대왕이 한글을 창제했다. 세종대왕은 조선의 4대 왕이다.

우리 중에 예문에 나오는 세종대왕을 모르는 사람은 아마도 없을 것입니다. 하지만 혹여나, 예를 들어 독자글 다섯 살 정노의 어린아이도 예상했나년 글쓴이는 위 문장의 예처럼 세종대왕을 풀어서 설명할 필요가 있을 것입니다. 물론 아래 문장처럼 보통 사람들이 잘 모르는 낱말을 사용한다면, 아마도 거의 풀어서 설명해 주는 뒷받침 문장을 쓸 것으로 보입니다.

예) 쿼크가 모여 소립자를 이룬다. 쿼크는 물질을 이루는 가장 기본적인 입자를 말한다.

2) 중심 문장의 의미 전체를 풀이하는 뒷받침 문장

예) 아니 땐 굴뚝에 연기 나랴. 이 말은 어떤 결과는 반드시 원인이 있다는 말이다.

예문에서 보듯이 뒷받침 문장은 앞에 있는 중심 문장의 의미를 풀어서 설명하고 있습니다. 그리고 이 풀이는 앞의 중심 문장 어느 일부분이 아니라 문장 전체의 의미에 대한 풀이입니다. 또한 이와 같이 문장 전체의 의미를 풀이하는 문장은 앞에 있는 중심 문장의 뜻을 규정하는 역할도 합니다. 우리가 앞에서 살펴본 세 개의 뒷받침 문장이 여기에 해당합니다. 참고로 이런 두 문장의 관계를 표현하기 위해 왼쪽에 있는 말을 오른쪽에서 풀이하는 의미로 사용하는 쌍반점(;) 기호를 사용했습니다.

나. 중심 문장 ┗중심 문장

이 유형은 앞의 중심 문장이 따로 풀이해 설명할 만큼 이해하지 못할 내용이 없기 때문에 다음 이야기로 이동하는 경우입니다. 그러므로 이 두 문장의 유형에서 하고 싶은 말은 뒤에 있는 중심 문장이 됩니다. 즉, 앞의 중심 문장은 뒤에 있는 중심 문장의 상황을 이해할 수 있도록 과정을 보여 주는 역할을 합니다.
그런데 이 두 문장의 유형에서 앞의 중심 문장을 풀이할 것인지 말 것인지에 대한 판단은 글쓴이가 하기 때문에 간혹 독자의 지적 수준을 자신과 동일시하여 설명을 따로 하지 않는 경우가 있습니다. 그러면 설명이 필요했던 독자에게는 이해하기 힘든 문장이 될 것입니다. 다음은 이러한 문장의 예입니다.

예) 바람이 불었다. 그래서 우산을 폈다.

예문에서 보듯이 '바람이 불었다.'라는 문장은 낱말도, 문장의 구조도 쉬워서 누구라도 이해할 수 있는 내용입니다. 그래서 따로 풀이하는 뒷받침 문장을 두지 않은 것입니다. 만약, 설명할 필요가 있는 바람이었다면 아마도 풀이하는 문장을 두는 게 좋을 것입니다.

예) 바람이 불었다. 강한 비바람이었다. 그래서 우산을 폈다.

이 예문을 보면, 강한 비바람이었기 때문에 우산을 폈다는 뜻으로 볼 수 있습니다. 아마도 비바람이 아니었다면 우산을 펴지 않았을 것으로 추측해 볼 수 있습니다. 참고로 이런 문장의 유형을 표현하기 위해 두 중심 문장 가운데에다 화살표를 넣었습니다.

다. 중심 문장 : 중심 문장

이 유형은 두 문장이 모두 중심 문장이고, 서로 대등한 관계에 있는 경우입니다. 중심 문장 다음에 뒷받침 문장이 없는 것으로 보아 앞의 중심 문장은 풀이할 필요가 없는 문장일 것으로 보입니다. 또한 뒤에 있는 중심 문장이 앞의 문장과 대등하다는 것은 앞 문장의 뜻과 뒤에 있는 문장의 뜻이 같은 수준의 정보라는 것을 말합니다.

예) 나는 사과를 좋아한다. 또 나는 딸기를 좋아한다.

예문의 두 문장은 과일이라는 범주 안에서 같은 수준인 사과와 딸기를 좋아한다는 것입니다. 이 두 문장은 "나는 사과와 딸기를 좋아한다."처럼 한 문장으로 표현해도 전혀 문제가 되지 않습니다. 그러므로 이 두 문장의 유형에서 하고 싶은 말은 두 문장 모두입니다. 참고로 이런 두 문장의 관계를 표현하기 위해 대등한 의미를 나타내는 쌍점(:) 기호를 사용했습니다.

이렇게 두 문장의 관계를 모두 살펴보았습니다. 이제 '두 문장' 이야기도 마무리를 해야겠습니다.

'두 문장' 이야기를 꺼낸 이유는 한 문장 읽기에 있었습니다. 한 문장을 읽을 때 우리는 그 뜻을 알 수 없는 경우를 보았습니다. 한 문장 안에 하고 싶은 말을 다 담지 못해서 벌어진 상황이었습니다. 그래서 자연스럽게 한 문장은 두 문장이 되어야 했습니다. 그렇게 뒷받침 문장을 갖게 된 것입니다. 그것이 '중심 문장 : 뒷받침 문장'의 관계가 되었습니다. 그런데 한 문장을 썼는데 그 중심 문장을 특별히 풀이할 필요가 없으면 진짜 하고 싶은 이야기로 이동을 합니다. 이때 두 문장의 관계는 '중심 문장 ㄴ중심 문장'의 관계가 되었습니다. 마지막으로 중심 문장이 뒷받침 문장을 필요로 하지 않고 이동 또한 필요한 상황이 아닌, 같은 이야기가 계속되는 경우에는 '중심 문장 : 중심 문장'의 관계가 되었습니다.

이렇듯 두 문장의 관계는 세 가지 형식을 갖습니다. 그리고 이 형식이 계속 반복되면서 하고 싶은 말, 전달하고 싶은 정보의 구조물을 만들어 갑니다. 두 문장은 자연스런 발생이며 과정입니다. 우리는 이 과정에서 두 문장을 읽으며 보다 복잡한 정보로 안내됩니다. 두 문장 읽기는 결국 문장 관계를 읽는 일입니다. 각각 한 문장을 읽고, 두 문장의 관계를 읽습니다. 거기까지가 '두 문장 읽기'입니다.

그런데 아주 중요한 사실이 하나 여기에 있습니다. 그러니까 두 문장 읽기에, 두 문장의 관계에 아주 중요한 것이 있습니다. 그것은 다름 아니라 두 문장 관계를 읽는 것이 곧 두 문장을 읽는 과정이라는 사실인데, 이 사실을 응용하면 읽기가 수월해진다는 것입니다. 바로 두 문장 관계를 보여 주는 것입니다. 다시 말하면, 중심 문장과 뒷받침 문장을 구분하는 것입니다. 바로 보여 드리겠습니다.

중심 문장	뒷받침 문장
두 문장 읽기는 곧 두 문장 관계를 읽는 것이라고 했습니다.	두 문장 관계를 읽어서 하고 싶은 말(중심 문장)이 무엇인지 찾아가는 과정이기 때문입니다.
결국 두 문장 읽기는 계속해서 이어진 문장 중에서 두 문장의 관계를 구분하는 과정입니다.	
그래서 처음부터 두 문장의 관계를 구분하여 나타낸다면, 읽는 사람은 그 과정을 생략할 수 있게 됩니다.	
그렇게 되면 읽기에 큰 도움이 될 것입니다.	두 문장의 관계를 미리 밝혀 놓았으니까요.

이렇게 중심 문장과 뒷받침 문장을 구분하면 읽을 때 그 둘의 관계를 찾는 수고를 덜 수 있습니다. 또한 중심 문장 위주로 읽을 수 있는 장점도 있습니다. 독자에 따라서 중심 문장만 읽어도 그 뜻을 이해할 수 있는 사람도 있고 그렇지 않은 사람도 있습니다. 그런데 이렇게 해 놓으면 중심 문장을 주로 읽을 사람은 중심 문장을 읽으면서 혹 그 뜻이 궁금할 때에만 뒷받침 문장을 읽으면 되고, 그렇지 않은 사람은 두 문장을 모두 읽는 방식을 선택할 수 있는 것입니다.

필자는 이 방식이 여러 면에서 쓸모가 있다고 생각합니다. 첫째는, 글공부를 하는 학생들에게는 읽기 방법을 갖출 수 있는 좋은 도구가 될 것이기 때문입니다. 학생들은 글을 읽고 지식을 축적하는 일을 주로 해야 하는데, 그 과정에서 글의 뜻을 파악해야 하는 어려움이 있습니다. 읽기 능력이 부족하기 때문이지요. 이와 같은 방법은 읽기 능력을 키워줄 수 있는 좋은 도구가 될 것입니다. 둘째는, 성인들에게도 도움이 될 것으로 보고 있습니다. 급격하게 변화하는 현대사회의 많은 정보를 취사선택해야 하는 입장에서, 이렇게 주요 문장과 보조 문장을 구분해 놓은 글은 취사선택을 빠르게 하도록 도움을 줄 수 있기 때문입니다.

이렇게 표현한 글 양식을 필자는 건축물의 완공을 예상하여 한눈에 볼 수 있게 만든 조감도라는 낱말에서 그 뜻을 따서 '서감도'라고 이름 지어 보았습니다. 글을 한눈에 볼 수 있는 조감도라는 의미로 사용한 것입니다.

3장부터는 줄글과 서감도 양식 두 가지를 모두 표현합니다. 줄글이 편하신 분은 그렇게 읽고, 서감도 양식이 편하신 분은 그렇게 읽어도 됩니다. 두 가지를 모두 실어 놓았으니 편리한 대로 사용하기 바랍니다.

왜 한 문장에 그치지 않고, 두 문장으로 쓸까요? 이 질문은 두 문장을 이해하는 중요한 역할을 할 것입니다. 왜 두 문장이 되는지 알 수 있기 때문입니다. 또, 두 문장 모두 하고 싶은 말일까요?

두 문장 읽기 연습

01 다음은 똑같은 곳을 각기 다른 곳에서 본 모습입니다. 두 그림 중에서 더 중요하다고 생각하는 그림을 선택하고 그 이유를 적어 보세요.

✎ 글에 대한 새로운 접근이라 좀 낯선 질문을 합니다. 두 그림 중에서 중요한 것? 두 문장에서 중요한 것? 네, 두 문장에서 중요한 문장을 구별할 수 있을까 그런 생각을 해 보려는 질문이었습니다.

02 다음 두 문장을 읽고, 두 문장 중에서 더 중요하다고 생각하는 문장을 선택하고 그 이유를 적어 보세요.

> 날씨가 좋다. 산책을 나갔다.

✎ 앞의 그림과 달리 구별이 좀 되시나요? 중요한 것은 결국 무슨 일을 하고 싶은가에 따라 달라지겠지요?

무슨 말인가 할 텐데요, 두 문장이 하나의 정보를 전달한다는 말이 낯설기 때문일 겁니다. 두 문장이니까 두 가지 정보를 전달할 텐데, 한 가지 정보를 전달한다고 하니 좀 의아하지요? 그런데 하나의 정보만 전달합니다. 단지 두 문장으로 표현할 뿐, 전달하려는 정보는 하나입니다. 그 이야기를 해 보겠습니다.

POINT

한 문장은 하나의 정보를 전달합니다.
두 문장도 하나의 정보를 전달합니다.

03 다음 두 문장을 읽고, 두 문장 중에서 더 중요하다고 생각하는 문장을 선택하고 그 이유를 적어 보세요.

> 날씨가 좋다. 기분도 좋다

두 문장 중의 어느 하나가 다른 문장의 원인이 된다면, 결과가 더 중요한 문장이 된다고 할 수 있겠지요? 물론 예외는 얼마든지 있을 테고요.

04 다음 두 문장을 읽고, 두 문장 중에서 더 중요하다고 생각하는 문장을 선택하고 그 이유를 적어 보세요.

> 날씨가 좋다. 구름 한 점 없을 정도다.

✎ 이번엔 구별이 더 명확한가요? 두 문장의 관계를 잘 살펴보세요.

05 다음 두 문장을 읽고, 두 문장 중에서 더 중요하다고 생각하는 문장을 선택하고 그 이유를 적어 보세요.

> 날씨가 좋다. 그래서 산책을 나갔다.

✎ 어느 문장이 더 중요한지 이제 좀 느낌이 오시나요? 위 두 문장에서 분명히 어느 한 문장이 더 중요하겠죠?

한 문장에도 정보를 담는 모양이 있다고 말씀드렸죠? 그런데 두 문장의 관계도 일정한 모양이 있습니다. 참으로 다행입니다. 더구나 한 문장의 모양처럼 세 가지밖에 되지 않습니다. 정말 천만다행입니다. 이렇게 단순하다니!

POINT

> 그런데 이 문장들은,
> '중심 문장 ; 뒷받침 문장'의 모양이며,
> '중심 문장 ┗중심 문장'의 모양이며,
> '중심 문장 : 중심 문장'의 모양입니다.

POINT : 두 문장 읽기란?

> **한 문장**으로는 **전달**하려는 **정보**를 표현하기가 **부족**해서
> **다른 정보**가 포함된 **두 문장**에서
> **핵심 정보**를 찾는 것

두 문장 읽기의 핵심은 두 문장 관계를 파악하는 일입니다. 앞서 말씀드린 대로 크게 걱정할 것은 없습니다. 세 가지 중에 한 가지니까요. 앞으로 두 문장의 관계에 주의해서 보면, 더 중요한 문장이 보입니다.

06 다음 글을 읽고, 전달하고자 하는 정보를 찾아보고 그 이유를 적어 보세요.

> 나는 사과를 좋아한다. 그리고 나는 딸기도 좋아한다.

① 나는 사과를 좋아한다.

② 나는 딸기를 좋아한다.

③ 나는 사과와 딸기를 좋아한다.

✎ 두 문장의 관계는 참 많습니다. 원인과 결과, 설명과 예시 등등. 천천히 생각해 보세요. 분명 보입니다.

07 다음 글을 읽고, 전달하고자 하는 정보를 찾아보고 그 이유를 적어 보세요.

> 시원한 물 한 잔 마시고 싶다. 갈증이 나기 때문이다.

① 시원한 물 한 잔 마시고 싶다.

② 갈증이 나기 때문이다.

③ 시원한 물이 갈증을 가시게 한다.

✎ 쉽지요? 왜 마시고 싶은 거죠? 그래서 뭘 하고 싶은 거죠?

08 다음 글을 읽고, 전달하고자 하는 정보를 찾아보고 그 이유를 적어 보세요.

> 도서관에 책이 참 많다. 그런데 그 많은 책을 누가 다 읽을까?

① 도서관에 책이 참 많다.

② 그 책을 누가 다 읽을까?

③ 도서관도 참 많다.

📝 도서관에 책이 많다는 얘기가 하고 싶은 말일까요, 그 많은 책을 누가 다 읽을까, 그 말을 하고 싶은 것일까요? 글쓴이는 어느 말을 더 중요하게 생각했을까요?

09 다음 문장을 읽고, 두 문장의 유형과 그렇게 생각한 이유를 적어 보세요.

> 날씨가 좋다. 그래서 산책을 나갔다.

📝 먼저 중심 문장인지 아닌지 생각해 보고요, 다음은 주제가 이동했는지, 하나가 더 추가된 것인지 생각하면 되겠지요?

10 다음 문장을 읽고, 두 문장의 유형과 그렇게 생각한 이유를 적어 보세요.

> 버스가 한 대 지나갔다. 마을버스였다.

✎ 이제 좀 보이시나요? 왜 마을버스라고 했을까요?

11 다음 문장을 읽고, 두 문장의 유형과 그렇게 생각한 이유를 적어 보세요.

> 감기에 걸린 것 같다. 며칠 쉬어야겠다.

✎ 결국 뭘 하고 싶다는 것인지 이젠 좀 분명하지요?

12 다음 문장을 읽고, 두 문장의 유형과 그렇게 생각한 이유를 적어 보세요.

> 노래는 내 마음을 금방 가져간다. 그리고 소설도 내 마음을 금방 가져간다.

✎ 무엇이 무엇하고, 무엇이 무엇하나요? 그 둘 중에 어느 하나가 다른 하나를 풀어 쓰고 있나요?

두 문장 읽기는 좀 낯선 생각일 듯합니다. 읽기라고 하면 문장 읽기와 글 전체 또는 책 전체 읽기가 일반적이기 때문입니다. 그런데 앞에서 살펴보았지만 두 문장 읽기는 글 읽기에서 필수적인 과정입니다. 두 문장 관계를 통해서 글을 이해할 수 있기 때문입니다.

하지만 낯선 개념이기도 하고, 그 구분이 어려운 부분도 있어서 불편할 수 있습니다. 하지만 하고 싶은 말과 그 말을 풀이하는 말로 크게 구분한다면 그리 어려운 일이 아닙니다. 오히려 그 과정에서 하고 싶은 말과 풀이하는 말을 구분하지 못해 글쓴이조차 놓치고 있는 숨은 뜻을 알게 되기도 합니다. 한마디로 그동안 이해하기 어려웠던 글의 본모습까지도 파악하게 되는 중요한 과정이라고 할 수 있습니다.

두 문장 읽기를 간단히 정리하면 다음과 같습니다.

1. 두 문장은 하나의 정보를 담고 있다.

2. 두 문장은 크게 중심 문장과 뒷받침 문장으로 구분할 수 있다.

3. 두 문장 간 관계의 유형은

　'중심 문장 ; 뒷받침 문장,

　중심 문장 ┗중심 문장,

　중심 문장 : 중심 문장' 등 세 가지가 있다.

4. 두 문장 간 관계의 유형에 따라 각각 하고 싶은 말이 다르다. '중심 문장 ; 뒷받침 문장' 유형은 앞의 중심 문장에 하고 싶은 말이 있고, '중심 문장 ┗중심 문장' 유형은 뒤의 중심 문장에 하고 싶은 말이 있으며, '중심 문장 : 중심 문장' 유형은 중심 문장 두 개 모두 하고 싶은 말이다.

5. 두 문장 읽기는 두 문장 중에서 하고 싶은 말이 무엇인지 파악하는 일이다.

시간을 버는 읽기

이 부분은 두 문장 읽기를 연습할 수 있도록 앞의 예시 문장들을 중심 문장과 뒷받침 문장으로 구분하여 모아 놓은 것입니다. 두 문장의 관계에 주의해서 읽어 보세요.

날씨가 좋다. 산책을 나갔다.		날씨가 좋다. 산책을 나갔다.
날씨가 좋다. : 기분도 좋다.		날씨가 좋다. 기분도 좋다.
날씨가 좋다.	구름 한 점 없을 정도다.	날씨가 좋다. 구름 한 점 없을 정도다.
날씨가 좋다. 그래서 산책을 나갔다		날씨가 좋다. 그래서 산책을 나갔다.
나는 사과를 좋아한다. : 그리고 나는 딸기도 좋아한다.		나는 사과를 좋아한다. 그리고 나는 딸기도 좋아한다.
시원한 물 한 잔 마시고 싶다.	갈증이 나기 때문이다.	시원한 물 한 잔 마시고 싶다. 갈증이 나기 때문이다.
도서관에 책이 참 많다. 그런데 그 많은 책을 누가 다 읽을까?		도서관에 책이 참 많다. 그런데 그 많은 책을 누가 다 읽을까?
날씨가 좋다. 그래서 산책을 나갔다.		날씨가 좋다. 그래서 산책을 나갔다.
버스가 한 대 지나갔다.	마을버스였다.	버스가 한 대 지나갔다. 마을버스였다.
감기에 걸린 것 같다. 며칠 쉬어야겠다.		감기에 걸린 것 같다. 며칠 쉬어야겠다.
노래는 내 마음을 금방 가져간다. : 그리고 소설도 내 마음을 금방 가져간다.		노래는 내 마음을 금방 가져간다. 그리고 소설도 내 마음을 금방 가져간다

3장
한 문단 읽기

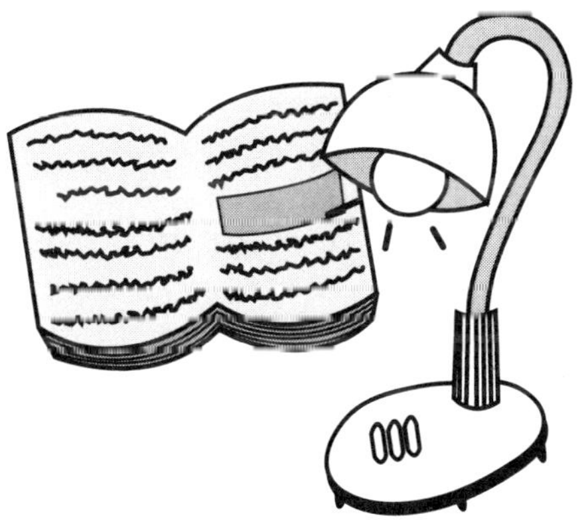

“산은 산이요, 물은 물이로다.”

한 문장일 때는 뜻을 알 수 없었습니다. 동어반복으로 어떤 정보를 담았는지 알 수 없기 때문입니다.

“산은 산이요, 물은 물이로다.” 이 말씀은 사물을 있는 그대로 보라는 뜻이다.

두 문장이 되면서 비로소 문장의 정보를 명확하게 이해할 수 있게 되었습니다. 뒷받침 문장이 앞 문장의 정보를 구체화했기 때문입니다.

한 문장으로 끝난 글이었다면 알기 힘든 글이 되었을 것입니다. 또, 두 문장으로 끝난 글이었다면 한 문장의 정보만 전달하려는 글이 됩니다. 그런데 사람들이 이렇게 한 문장의 정보만 전달하려고 했다면 글은 이 형태로 남아 있었을 것입니다. 마찬가지로 알 만한 사람만 알아들으라고 했다면 우리가 쓰는 글은 한 문장 형태로 남아 있었을 것입니다.

하지만 그렇지 않았습니다. 현재 글은 한두 문장의 형태가 아닙니다. 여러 문장이 이어지고 여러 문장들이 모인, 문단이라는 하나의 덩어리 글 형태입니다.

그런 형태가 된 데에는 다 이유가 있습니다. 우리가 전달하려는 정보는 한두 문장만으로는 부족한 경우가 대부분입니다. 그래서 그 정보에다 다른 정보를 보태서 전달하고자 하는 정보의 조각을 맞추게 됩니다. 마치 조립식 장난감처럼 조각조각을 모아 완성하는 형태로 정보를 전달하는 셈입니다. 하여간 그래서 문장은 또 다른 문장과 함께 합니다. 물론 뒷받침 문장이 없다면 중심 문장과 함께 하겠지요. 그렇게 전달하고 싶은 정보가 완성되면 문장을 멈춥니다. 참고로 이때 완성된 정보도 사실 전체에서는 또 다른 부분입니다. 예를 들어 자전거를 전체로 볼 때 핸들 부분이 완성된 것입니다.

글에서는 이 부분을 문단 혹은 단락이라고 부르는데, 보통 단락은 문단보다는 큰 것을 말합니다. 이제 뒤에 다시 다른 조각 정보를 담은 문장을 이어 보겠습니다.

“산은 산이요, 물은 물이로다.” 이 말씀은 사물을 있는 그대로 보라는 뜻이다. 그런데 사

람들은 "산은 산이요, 물은 물이로다."라는 문장의 뜻을 뒤에 있는 "이 말씀은 사물을 있는
그대로 보라는 뜻이다."라는 문장 없이는 이해하기 어려워한다.

이렇게 문장이 이어졌다고 해 볼까요. 그럼 지금 세 개의 문장으로 이루어진 이 글에서 무
슨 이야기를 하려는 것일까요? 어떤 정보를 전달하려고 하는 것일까요? 첫 번째 문장일까
요? 두 번째 문장일까요? 세 번째 문장일까요?

먼저 첫 번째 문장은 첫 문장이 중심 문장이 됩니다. 왜냐하면 뒷받침 문장은 중심 문장이
있어야만 나올 수 있기 때문입니다. 그래서 한 문장만 있다면 이 문장이 하고 싶은 말이겠
지요. 두 번째 문장은 첫 번째 중심 문장을 풀이하는 뒷받침 문장이니 하고 싶은 말이 아닙
니다. 왜냐하면 뒷받침 문장은 아무리 중요한 정보를 담고 있더라도 중심 문장을 풀이하는
용도이기 때문에 하고 싶은 말이 될 수 없기 때문입니다. 다음으로 세 번째 문장은 첫 번째
중심 문장을 풀이하지 않는 문장이므로 중심 문장입니다. 그리고 "물은~" 이야기에서 '사람
들'로 정보 대상이 이동합니다. 즉, 앞의 문장은 그대로 두고 이제 새로 사람에 대한 이야기
를 합니다. 다시 말하면 다른 조각 이야기를 하는 셈입니다. 그래서 세 번째 문장이 등장함
으로써 하고 싶은 말이 이동합니다. 더 쉽게 말씀드리면, 만약 세 번째 문장이 하고 싶은 말
이 아니었다면 쓸 필요가 없었을 것입니다. 그러므로 세 번째 문장이 주제 문장이 됨을 알
수 있습니다. 그리고 만약 이 세 번째 문장에 풀이해야 할 부분이 있다면 뒷받침 문장이 이
어져야 할 것입니다 한 문장으로 부족하면 두 문장, 그것도 부족하면 세 개의 뒷받침 문장
이라도 사용하여 풀이해야 할 것입니다. 한번 만들어 볼까요?

"산은 산이요, 물은 물이로다." 이 말씀은 사물을 있는 그대로 보라는 뜻이다. 그런데 사
람들은 "산은 산이요, 물은 물이로다."라는 문장의 뜻을 뒤에 있는 "이 말씀은 사물을 있는
그대로 보라는 뜻이다."라는 문장 없이는 이해하기 어려워한다. "산은 산이요, 물은 물이로
다."라는 문장에는 식별한 만한 정보가 없기 때문이다.

이렇게 뒷받침 문장이 붙어 세 번째 문장의 '이해하기 어려워하는' 부분을 풀이하면서 문
장이 늘어나게 되는 것입니다. 그리고 하고 싶은 말이 세 번째 문장이었다면 글은 여기서 멈

출 것입니다. 하고 싶은 말을 다 했기 때문이지요. 만약에 아직 하고 싶은 말을 하지 못했다면 다른 조각을 더 이야기해야 할 것입니다 하여간 그렇게 문장이 늘어나고, 그렇게 조각들이 모여 글 전체의 어느 부분을 구성하게 됩니다.

또, 이렇게 문장이 모여 이룬 문단은 매우 다양한 모양을 나타냅니다. 예를 들어,

중심 문장 ; 뒷받침 문장
중심 문장 ; 뒷받침 문장 – 중심 문장
중심 문장 ; 뒷받침 문장 – 중심 문장 ; 뒷받침 문장

사실 같은 모양의 글이 거의 없을 정도로 다양한 모습을 띨 것입니다. 하지만 아무리 모양이 많아도 결국 세 가지 형식입니다. 왜냐하면 중심 문장이 있고 뒷받침 문장이 계속되는 유형이거나, 중심 문장이 계속 이동하는 유형이거나, 중심 문장과 대등한 문장이 계속되는 경우밖에 없기 때문입니다.

가. 중심 문장 ; 뒷받침 문장

중심 문장 ; 뒷받침 문장
중심 문장 ; 뒷받침 문장 ; 뒷받침 문장
중심 문장 ; 뒷받침 문장 ; 뒷받침 문장 ; 뒷받침 문장
(……)

중심 문장이 하나이고 나머지는 모두 뒷받침 문장인 경우의 문단입니다. 뒷받침 문장이 세 문장 이상 나오는 경우는 드물기 때문에 실제로는 보기 힘들 것입니다. 물론 하고 싶은 말은 중심 문장입니다.

나. 중심 문장 ┗중심 문장

중심 문장 ; 뒷받침 문장 ┗중심 문장

중심 문장 ; 뒷받침 문장 ┗중심 문장 ; 뒷받침 문장

중심 문장 ; 뒷받침 문장 ┗중심 문장 ; 뒷받침 문장 ┗중심 문장

중심 문장이 아무리 많아도 결국 마지막 중심 문장이 하고 싶은 말인 문단의 경우입니다. 그만큼 복잡한 정보를 담고 있는 문장인 셈입니다. 중간중간의 뒷받침 문장은 그저 중심 문장을 풀이할 필요가 있어서 들어간 것입니다.

다. 중심 문장 : 중심 문장

중심 문장 ; 뒷받침 문장 : 중심 문장

중심 문장 ; 뒷받침 문장 : 중심 문장 ; 뒷받침 문장

중심 문장 ; 뒷받침 문장 ┗중심 문장 ; 뒷받침 문장 : 중심 문장

중심 문장 ; 뒷받침 문장 : 중심 문장 ; 뒷받침 문장 : 중심 문장

(……)

중심 문장이 대등한 관계에 있는 경우의 뮤단입니다. 대등한 문장은 꼭 하나일 필요는 없고 필요한 수만큼 있을 수 있습니다. 그러나 단순히 대등한 문장이 연속된다면 그것은 번호를 붙인다거나 해서 나열하는 형태가 좋습니다. 예를 들어,

1. 중심 문상		● 중심 문장
2. 중심 문장	혹은	● 중심 문장
3. 중심 문장		● 중심 문장

등과 같은 형태입니다.

그러나 이 문단의 유형은 한마디로 바람직하지 못한 면이 있습니다. 왜냐하면 일반적으로 문단이라 함은 하나의 중심 문장을 표현하는 것에 적합한 형식이기 때문입니다. 아주 쉬운 조각 하나를 간명하게 설명한 것이 가장 보기 좋은 문단의 모양입니다.

그런데 문단 하나에 조각이 여럿 있고 그 각각을 설명한다면, 여러 조각을 한꺼번에 설명하는 모양이 되어 읽는 사람이 조금 혼란스러울 수 있습니다. 하지만 같은 종류의 내용을 담은 여러 조각이라면, 이 문단의 형식처럼 한 번에 설명하고 다른 조각도 함께 설명하는 방식도 얼마든지 좋을 것입니다.

이제 한 문단 읽기, 이번 장도 마무리할 때가 된 것 같습니다. 한 문단 읽기는 한 문장에서 두 문장으로, 두 문장에서 여러 문장으로 늘어난 형태입니다. 그리고 그렇게 된 이유는 한두 문장으로는 표현하기 어려운 다소 복잡한 정보를 전달하기 위해서입니다. 그러나 한두 문장으로 정보를 전달할 수 있는 내용은 세상에 그리 많지 않기 때문에 문단은 가장 일반적인 한 조각의 문장을 표현하는 형식이 됩니다.

한 문단 읽기는 한 문단에 있는 여러 문장 간의 관계를 이해하고, 하고 싶은 말을 찾아내는 과정을 말합니다. 대체로 한 문장의 정보를 자세히 설명한 것으로 볼 수 있습니다. 이 조각들의 정보가 모여 더 큰 부분을 이루게 됩니다. 그것이 다음 장에서 살펴볼 두 문단 읽기입니다.

어느새 한 문단 읽기네요. 한 문장 읽기, 두 문장 읽기에서도 그랬지만 첫 페이지에 이 부분을 놓은 것은 그만큼 중요하기 때문입니다. 여러 문장으로 이루어진 문단을 공부할 텐데요, 결론부터 말씀 드리면, 한 문단도 결국 한 문장 전달!

POINT

문단은 정보를 전합니다.

한 문단 읽기 연습

01 다음은 전선 위에 작은 새 한 마리가 앉아 있는 그림입니다. 그림에서 가장 중요한 것이 무엇인지, 왜 그렇게 생각하는지 적어 보세요.

✎ 두 문장의 그림과 다른 것은 여러 가지 요소가 들어 있는 것입니다. 무엇이 중요한지는 보는 관점에 따라 다르겠지요?

02 다음 문단을 읽고, 가장 중요하다고 생각하는 문장이 무엇인지 고르고 그 이유를 적어 보세요.

> 맑은 가을 하늘이다. 그 하늘로 전봇대가 뚫고 올라갈 기세다. 그리고 전깃줄 위에 새 한 마리 외롭게 앉아 있다.

✎ 그림을 글로 옮겨 봤습니다. 글이 더 분명하지요? 그림보다 글이 더 구체적이기 때문입니다.

이제 좀 익숙해지셨나요? 아니면 지루해지셨나요? 글은 결국 정보 전달이 목적이라는 것,
그리고 그 정보는 많아 보이지만 결국 하나라는 것. 그것에 익숙해지셔야 합니다.

03 다음 문단을 읽고, 가장 중요하다고 생각하는 문장에 밑줄을 치고 그 이유를
적어 보세요.

> 우리 집의 아침도 다른 집처럼 매우 분주하다. 아빠는 서류 가방이며 손수
> 건 등을 챙기느라 바쁘시다. 동생은 엄마에게 양말 찾아 달라고 난리를 피
> 운다. 언니는 학교 준비물을 챙기느라 말을 걸 수 없을 정도로 정신이 하나
> 도 없다.

문단은 두 문장 읽기의 연속입니다. 두 문장 중에서 어떤 것이 중요한지 구별할 수
있겠죠? 어떤 모양인가요?

04 다음 문단을 읽고, 가장 중요하다고 생각하는 문장에 밑줄을 치고 그 이유를 적어 보세요.

> 우리 집의 아침도 다른 집처럼 매우 분주하다. 아빠는 서류 가방이며 손수건 등을 챙기느라 바쁘시다. 동생은 엄마에게 양말 찾아 달라고 난리를 피운다. 언니는 학교 준비물을 챙기느라 말을 걸 수 없을 정도로 정신이 하나도 없다. 이렇게 바쁜 식구들을 위해 나라도 미리 준비해야겠다.

✎ 한 문단에 문장 하나가 더 들어가면 하고 싶은 말이 달라질까요? 자, 세 가지 모양 중에서 어떤 모양일까요?

05 다음 문단을 읽고, 가장 중요하다고 생각하는 문장에 밑줄을 치고 그 이유를 적어 보세요.

> 우리 집의 아침도 다른 집처럼 매우 분주하다. 아빠는 서류 가방이며 손수건 등을 챙기느라 바쁘시다. 동생은 엄마에게 양말 찾아 달라고 난리를 피운다. 그리고 저녁이 되면 다른 집처럼 온 식구가 모여 오늘 하루 있었던 일로 이야기꽃을 피운다.

✎ 한 문장이 달라졌을 뿐인데 하고 싶은 말에 영향이 있지요?

세상에! 설마 문단에도 모양이 있을 줄은 몰랐죠? 이쯤 되면 뭔가 이상한 낌새를 눈치채야 하겠지요? 글이라는 건 참으로 대단히 논리적이고, 체계적이고, 단순하고, 조화롭고, 아름답습니다. 그리고 또 세상에! 문단의 모양도 단 세 가지!!

글이 한 문단이 될 수밖에 없는 이유가 있겠죠? 문장의 관계를 통해서 그 이유를 찾으면 문단 읽기가 쉬워집니다.

06 다음 문단을 읽고, 가장 중요하다고 생각하는 문장에 밑줄을 치고 그 이유를 적어 보세요.

> 우리나라는 삼면이 바다로 둘러싸여 있다. 강원도와 경상도 쪽으로 동해가 있다. 인천, 경기도, 충청도, 전라도 쪽으로 서해가 있다. 경상도와 전라도 남쪽으로는 남해가 있다.

무슨 얘기를 하고 싶은 것일까요? 모두 다 하고 싶은 말일까요?

07 다음 문단을 읽고, 가장 중요하다고 생각하는 문장에 밑줄을 치고 그 이유를 적어 보세요.

> 우리나라는 삼면이 바나로 둘러싸여 있다. 강원도와 경상도 쪽으로 동해가 있다. 인천, 경기도, 충청도, 전라도 쪽으로 서해가 있다. 경상도와 전라도 남쪽으로는 남해가 있다. 우리는 이렇게 풍부한 바다 자원을 잘 활용해야 한다.

문장 관계는 모두 몇 가지 모양이지요? 각각의 관계를 확인하는 방법은?

08 다음 문단을 읽고, 가장 중요하다고 생각하는 문장에 밑줄을 치고 그 이유를 적어 보세요.

> 우리나라는 삼면이 바다로 둘러싸여 있다. 강원도와 경상도 쪽으로 동해가 있다. 인천, 경기도, 충청도, 전라도 쪽으로 서해가 있다. 경상도와 전라도 남쪽으로는 남해가 있다. 그리고 우리나라는 국토의 70%가 산일 정도로 산이 많다.

이런 모양은 사실 문단을 하나 더 만드는 것이 바람직하지요. 하지만 이 모양이 좀 효율적이긴 합니다.

한 문장으로는 하고 싶은 말을 전달하기에 부족해서 두 문장이 되는 것처럼, 두 문장이 부족하면 세 문장으로 늘어납니다. 당연히 세 문장으로 부족하면 네 문장으로 늘어나겠지요. 그렇게 한 문단이 됩니다. 그러니 한 문단은 한 문장에서부터 열 문장 이상 되는 많은 문장으로 이루어질 수 있습니다. 보통은 짧으면 5~6개 문장, 많아도 10개 정도의 문장입니다. 하지만 복잡한 것은 한 페이지를 차지하기도 하지요.

그러므로 한 문단의 구성은 매우 다양합니다. 간단히 예를 들어도, 중심 문장과 ┗중심 문장과 ┗중심 문장 등 세 문장으로 구성 될 수도 있고, 중심 문장과 뒷받침 문장, 그리고 ┗중심 문장과 뒷받침 문장 등 네 문장으로 구성 될 수도 있습니다. 그렇게 다양해서 거의 무한하겠지요. 그래서 "글은 자유다"라는 말이 있게 된 듯합니다. 하지만 읽는 입장에서는 반가운 것만은 아닙니다. 자유롭다는 것은 그만큼 다양해서 복잡하기 때문입니다. 그렇다고 쓰는 사람에게 반가운 것도 아닙니다. 쓰는 사람도 문단의 구조가 자유롭기 때문에 글을 쓰다가 문단의 규칙을 잊을 수도 있기 때문입니다. 가령, 한 문단에는 하나의 문장을 설명해야 하는데, 쓰다 보면 하고 싶은 말이 더 생겨 본래 써야 할 내용에서 삼천포로 빠지기도 합니다. 어쨌거나 다행인 것은 문단의 구조가 새롭지 않고, 두 문장 관계의 연속이라는 것입니다. 그래서 두 문장 관계만 잘 파악한다면 한 문단 읽기도 간단합니다.

한 문단 읽기를 간단히 정리하면 다음과 같습니다.

1. 한 문단은 하나의 정보를 담고 있다.

2. 한 문단은 두 문장 읽기의 연속이다.

3. 한 문단의 유형은 매우 다양하다. 하지만 두 문장 관계의 연속이기 때문에 궁극적으로 '중심 문장 ; 뒷받침 문장, 중심 문장 ┗중심 문장, 중심 문장 : 중심 문장' 등 세 가지로 나타난다.

4. 한 문단의 유형에 따라 각각 하고 싶은 말이 다르다. '중심 문장 ; 뒷받침 문장' 유형은 앞의 중심 문장에 하고 싶은 말이 있고, '중심 문장 ┗중심 문장' 유형은 뒤의 중심 문장에 하고 싶은 말이 있으며, '중심 문장 : 중심 문장' 유형은 중심 문장 두 개 모두 하고 싶은 말이다.

5. 한 문단 읽기는 문단의 문장 관계를 통해 하고 싶은 말을 파악하는 과정이다. 그런데 비문을 써서 한 문장 읽기가 어려운 것처럼, 문단의 구성이 올바르지 못해 하고 싶어 한 말을 찾기 어려운 경우가 있으니 주의해야 한다.

시간을 버는 읽기

이 부분은 한 문단 읽기를 연습할 수 있도록 앞의 예시 문장들을 모아 놓은 것입니다. 위쪽에서 글의 흐름을 주의해서 읽고, 아래쪽에서 기호 없이 읽어 보세요.

<읽기 연습> 02

맑은 가을 하늘이다.	
그 하늘로 전봇대가 뚫고 올라갈 기세다.	
: 그리고 전깃줄 위에 새 한 마리 외롭게 앉아 있다.	

　맑은 가을 하늘이다. 그 하늘로 전봇대가 뚫고 올라갈 기세다. 그리고 전깃줄 위에 새 한 마리 외롭게 앉아 있다.

<읽기 연습> 03

우리 집의 아침도 다른 집처럼 매우 분주하다.	아빠는 서류 가방이며 손수건 등을 챙기느라 바쁘시다. 동생은 엄마에게 양말 찾아 달라고 난리를 피운다. 언니는 학교 준비물을 챙기느라 말을 걸 수 없을 정도로 정신이 하나도 없다.

　우리 집의 아침도 다른 집처럼 매우 분주하다. 아빠는 서류 가방이며 손수건 등을 챙기느라 바쁘시다. 동생은 엄마에게 양말 찾아 달라고 난리를 피운다. 언니는 학교 준비물을 챙기느라 말을 걸 수 없을 정도로 정신이 하나도 없다.

우리 집의 아침도 다른 집처럼 매우 분주하다.	아빠는 서류 가방이며 손수건 등을 챙기느라 바쁘시다. 동생은 엄마에게 양말 찾아 달라고 난리를 피운다. 언니는 학교 준비물을 챙기느라 말을 걸 수 없을 정도로 정신이 하나도 없다.
ㄱ이렇게 바쁜 식구들을 위해 나라도 미리 준비해야겠다.	

우리 집의 아침도 다른 집처럼 매우 분주하다. 아빠는 서류 가방이며 손수건 등을 챙기느라 바쁘시다. 동생은 엄마에게 양말 찾아 달라고 난리를 피운다. 언니는 학교 준비물을 챙기느라 말을 걸 수 없을 정도로 정신이 하나도 없다. 이렇게 바쁜 식구들을 위해 나라도 미리 준비해야겠다.

우리 집의 아침도 다른 집처럼 매우 분주하다.	아빠는 서류 가방이며 손수건 등을 챙기느라 바쁘시다. 동생은 엄마에게 양말 찾아 달라고 난리를 피운다.
: 그리고 저녁이 되면 다른 집처럼 온 식구가 모여 오늘 하루 있었던 일로 이야기꽃을 피운다.	

우리 집의 아침도 다른 집처럼 매우 분주하다. 아빠는 서류 가방이며 손수건 등을 챙기느라 바쁘시다. 동생은 엄마에게 양말 찾아 달라고 난리를 피운다. 그리고 저녁이 되면 다른 집처럼 온 식구가 모여 오늘 하루 있었던 일로 이야기꽃을 피운다.

우리나라는 삼면이 바다로 둘러싸여 있다.	강원도와 경상도 쪽으로 동해가 있다. 인천, 경기도, 충청도, 전라도 쪽으로 서해가 있다. 경상도와 전라도 남쪽으로는 남해가 있다.

우리나라는 삼면이 바다로 둘러싸여 있다. 강원도와 경상도 쪽으로 동해가 있다. 인천, 경기도, 충청도, 전라도 쪽으로 서해가 있다. 경상도와 전라도 남쪽으로는 남해가 있다.

우리나라는 삼면이 바다로 둘러싸여 있다.	강원도와 경상도 쪽으로 동해가 있다. 인천, 경기도, 충청도, 전라도 쪽으로 서해가 있다. 경상도와 전라도 남쪽으로는 남해가 있다.
└우리는 이렇게 풍부한 바다 자원을 잘 활용해야 한다.	

우리나라는 삼면이 바다로 둘러싸여 있다. 강원도와 경상도 쪽으로 동해가 있다. 인천, 경기도, 충청도, 전라도 쪽으로 서해가 있다. 경상도와 전라도 남쪽으로는 남해가 있다. 우리는 이렇게 풍부한 바다 자원을 잘 활용해야 한다.

우리나라는 삼면이 바다로 둘러싸여 있다.	강원도와 경상도 쪽으로 동해가 있다. 인천, 경기도, 충청도, 전라도 쪽으로 서해가 있다. 경상도와 전라도 남쪽으로는 남해가 있다.
: 그리고 우리나라는 국토의 70%가 산일 정도로 산이 많다.	

우리나라는 삼면이 바다로 둘러 싸여 있다. 강원도와 경상도 쪽으로 동해가 있다. 인천, 경기도, 충청도, 전라도 쪽으로 서해가 있다. 경상도와 전라도 남쪽으로는 남해가 있다. 그리고 우리나라는 국토의 70%가 산일 정도로 산이 많다.

4장

두 문단 읽기

두 문단 이야기

"산은 산이요, 물은 물이로다." 이 말씀은 사물을 있는 그대로 보라는 뜻이다. 그런데 사람들은 "산은 산이요, 물은 물이로다."라는 문장의 뜻을 뒤에 있는 "이 말씀은 사물을 있는 그대로 보라는 뜻이다."라는 문장 없이는 이해하기 어려워한다.

이 문단에서 하고 싶은 말은 세 번째 문장이다. 그런데 이것이 하고 싶은 말 전부가 아니고 한 조각이라면 당연히 다른 조각의 이야기가 나올 것입니다. 그것이 또 한 문단이 될 것입니다. 그 한 문단을 만들어 보겠습니다.

"산은 산이요, 물은 물이로다." 이 말씀은 사물을 있는 그대로 보라는 뜻이다. 그런데 사람들은 "산은 산이요, 물은 물이로다."라는 문장의 뜻을 뒤에 있는 "이 말씀은 사물을 있는 그대로 보라는 뜻이다."라는 문장 없이는 이해하기 어려워한다.
그렇다면 뒷받침 문장 없이 한 문장만 읽고 거기서 한 문장을 제대로 읽을 수는 없을까? 그런 생각이 들 것이다. 하지만 아직 그런 방법은 없다. 왜냐하면 그렇게 되기 위해서는 뒷받침 문장의 내용을 미리 알아야 하는데, 뒷받침 문장을 미리 알 수 있는 방법은 없기 때문이다.

두 번째 문단에서 하고 싶은 말은 세 번째 문장 "왜냐하면 (……) 하지만 아직 그런 방법은 없기 때문이다."입니다. 첫 번째 문장은 중심 문장, 두 번째 문장은 이동, 세 번째 문장도 이동했기 때문입니다. 그리고 문단이 새롭게 시작됩니다. 그리고 그 문단에서는 하고 싶은 말이 세 번째 문장으로 이동합니다. 그렇게 각 문단의 세 번째 문장이 각 문단의 하고 싶은 말이 되었습니다. 그러면 두 문단에서 하고 싶은 말은 무엇일까요? 둘 다일까요? 어느 하나일까요?
결론부터 말씀드리면, 두 문장에서 하고 싶은 말이 한 문장이었던 것처럼 두 문단에서도 하고 싶은 말은 한 문단입니다. 그리고 한 문단에서 하고 싶은 말은 한 문장이니, 결국 두 문단에서 하고 싶은 말 또한 한 문장이 됩니다. 하고 싶은 말 한 문장이 두 문단으로 늘어난 것입니다. 물론 그것은 한 문단보다 좀 더 복잡한 정보이기 때문입니다.

두 문단 읽기는 그렇게 두 개의 문단을 읽고, 각각 한 문장으로 읽고, 그 두 문장을 읽는 과정입니다. 그렇게 두 조각을 맞춘 다음, 그 맞춰진 한 조각을 읽는 과정입니다. 그런데 다행히도 두 문단 읽기는 앞서 살펴본 대로 두 문장으로 축소되기 때문에 각각의 문단을 잘 읽으면 두 문단의 하고 싶은 말을 잘 읽어 낼 수 있게 됩니다.

가. 중심 문단 ; 뒷받침 문단

이 유형의 두 문단 읽기는 두 문장 관계에서 두 문단 관계로 바뀐 것 외에는 달라진 것이 전혀 없습니다. 각 문단의 하고 싶은 말을 찾고, 두 문장을 읽는 과정입니다. 이때 뒤에 있는 문단의 하고 싶은 말은 뒷받침 문장이 아닙니다. 이 뒷받침 문단 역시 하고 싶은 말은 뒷받침 문단의 중심 문장입니다. 이 유형의 두 문단은 다음과 같은 경우가 있습니다.

- 주장 또는 사실 문단 ; 예시 문단
- 주장 또는 사실 문단 ; 이유 문단
- 주장 또는 사실 문단 ; 상세 설명 문단

이 외에도 매우 다양한 관계로 중심 문단과 이 중심 문단의 주제 문장을 풀이하는 뒷받침 문단으로 구성됩니다.

나. 중심 문단 ┕중심 문단

이 유형의 두 문단 읽기는 두 문장 읽기의 중심 문장 ┕중심 문장의 관계와 같습니다. 앞 문단의 중심 문장에 이어 다음 문단도 이야기가 계속됩니다. 물론 앞 문단의 주제는 뒤에 있는 문단으로 이동합니다. 하고 싶은 말은 뒤에 있는 중심 문단입니다.

다. 중심 문단 : 중심 문단

이 유형의 두 문단 읽기도 두 문장 읽기에서의 '중심 문장 : 중심 문장'의 관계와 같습니다. 역시 하고 싶은 말은 두 문단의 주제 문장 모두입니다.

두 문단 읽기 이야기는 벌써 마무리할 때가 되었습니다. 두 문단 읽기는 두 문장 읽기의 확장인 만큼 이미 두 문장 읽기에서 필요한 이야기는 다 했기 때문입니다. 다음은 한 단락 읽기 이야기입니다. 문단보다 더 넓은 조각을 맞춰 보겠습니다.

글을 읽다 보면 글쓴이의 생각이라든가 감정에 빠져 감탄하게 되기도 하고 감동을 받기도 합니다. 그래서 자연스레 읽기가 기차 타고 차창 밖을 보는 방식이 되곤 합니다. 하지만 읽기의 본질은 여행 읽기가 아니죠? 꼼꼼하게 읽어야 합니다. 특히, 시험 준비를 위한 읽기는 말할 나위가 없지요. 두 문단 이상이 되면 여행 읽기처럼 되기 쉬운데, 글은 정보를 전하기 위한 숙명을 타고났다는 사실을 잊지 맙시다!

POINT

두 문단은 정보를 전합니다.

두 문단 읽기 연습

01 다음은 예쁜 곰의 모습을 담은 두 장의 그림입니다. 두 그림 중에서 중요한 것이
   무엇이라고 생각하는지 선택하고 그 이유를 적어 보세요.

....

....

....

한 문단은 한 문장, 그러므로 두 문단은 두 문장이 됩니다. 두 문장의 관계 속에서
어떤 문장이 더 중요한지는 앞에서 살펴봤었지요?

02 다음 두 문단을 읽고, 가장 중요하다고 생각하는 문장에 밑줄을 치고 그 이유
   를 적어 보세요.

A　　나는 필통을 여러 개 갖고 있습니다. 동물 그림이 그려져 있는 손잡이 필통
이 두 개 있고요, 사각형 모양의 필통이 두 개 있습니다. 또, 쇠로 된, 모서리
가 둥근 필통이 한 개 있고요, 지퍼가 달린 필통 두 개가 더 있습니다.

B　　이렇게 필통이 많은 이유는 친구들이 내가 필통을 좋아한다는 것을 알고 선
물로 주었기 때문입니다. 그 친구들은 늘 보고 싶은 초등학교 친구들입니다.

✏ 여러 문장이 모여 하나의 문장 역할을 하는 것이 보이시나요? 한번 잘 살펴보세요.

　벌써 여러 번 말씀드렸으니 이번에는 넘어가도 되겠지요? 모든 글은 하나의 정보를 전달한다는 사실! 아마도 아직도 그렇게 생각하지 않는 분도 계실 텐데요, 그런 경우엔 근거를 잘 정리해서 언제든지 제게 질문을 해 주세요.

POINT

한 문장은 하나의 정보를 전달합니다.
두 문장은 하나의 정보를 전달합니다.
한 문단은 하나의 정보를 전달합니다.
두 문단도 하나의 정보를 전달합니다.

03 다음 두 문단을 읽고, 가장 중요하다고 생각하는 문장에 밑줄을 치고 그 이유
를 적어 보세요.

A　　나는 필통을 여러 개 갖고 있습니다. 동물 그림이 그려져 있는 손잡이 필통이 두 개 있고요, 사각형 모양의 필통이 두 개 있습니다. 또, 쇠로 된, 모서리가 둥근 필통이 한 개 있고요, 지퍼가 달린 필통 두 개가 더 있습니다.

B　　동물 그림이 그려져 있는 손잡이 필통은 좀 오래된 것이어서 한눈에 보아도 낡아 보입니다. 하지만 너덜너덜할 정도는 아닙니다.

한 문장을 읽고, 두 문장을 읽고, 한 문단을 읽고, 이제 두 문단을 읽는 것입니다. 한 문단을 한 문장으로 읽고, 다음 문단을 한 문장으로 읽어서 다시 그것을 한 문장으로 읽는 과정입니다.

04 다음 두 문단을 읽고, 가장 중요하다고 생각하는 문장에 밑줄을 치고 그 이유
를 적어 보세요.

A　　나는 필통을 여러 개 갖고 있습니다. 동물 그림이 그려져 있는 손잡이 필통이 두 개 있고요, 사각형 모양의 필통이 두 개 있습니다. 또, 쇠로 된, 모서리가 둥근 필통이 한 개 있고요, 지퍼가 달린 필통 두 개가 더 있습니다.

B　　그리고 연필도 여러 개를 갖고 있습니다. 모두 파란색 연필입니다. 그리고 한 자루는 새것이고, 두 자루는 사용했던 것입니다.

첫 번째 문단과 두 번째 문단을 각각 한 문장으로 정리하면 되겠지요?

05 다음 두 문단을 읽고, 가장 중요하다고 생각하는 문장에 밑줄을 치고 그 이유
를 적어 보세요.

A   나는 필통을 여러 개 갖고 있습니다. 동물 그림이 그려져 있는 손잡이 필통
이 두 개 있고요, 사각형 모양의 필통이 두 개 있습니다. 또, 쇠로 된, 모서리
가 둥근 필통이 한 개 있고요, 지퍼가 달린 필통 두 개가 더 있습니다.

B   그래서 이번엔 필통이 아니라 볼펜을 여러 자루 샀습니다. 필통이 7개이면
충분하기 때문입니다. 사실 충분함을 넘어 지나친 편이지요.

만약, 한 문단이 한 문장으로 안 되면 어떻게 할까요? 그때는 어쩔 수 없이 글쓴이
의 생각을 추측할 수밖에 없어요. 물론 정확한 근거가 없으니 확신하면 안 되겠지
요?

세상에! 이제 이렇게 놀랄 일도 없지요. 두 문단은 곧 두 문장이니까 말이에요. 그러므로
당연히 두 문단도 두 문장의 상황과 같아집니다. 눈치 빠른 분들은 이제 앞으로 나올 내용
까지 다 짐작이 되시죠?

POINT

그런데 이 두 문단들은,
‘중심 문단 ; 뒷받침 문단’의 모양이며,
‘중심 문단 ㄴ중심 문단’의 모양이며,
‘중심 문단 : 중심 문단’의 모양입니다.

06 다음 두 문단을 읽고, 가장 중요하다고 생각하는 문장에 밑줄을 치고 그 이유를 적어 보세요.

A 사람들이 모두 바삐 움직인다. 녹색 신호등에 맞추려는 모양이다. 한 사람은 손에 든 무언가를 놓치기도 한다. 또 어떤 사람은 경보 선수처럼 걷는다.

B 허리를 바짝 세우고, 가슴을 내밀며, 한쪽 발이 떨어지자마자 다른 쪽 발을 내딛고 앞으로 나간다. 그리고 팔꿈치가 정면을 향할 만큼 팔을 높이 올린다.

☑ 덩치가 아무리 커도 곰은 곰입니다. 아무리 길어도 글은 곧 한 문장이 됩니다.

07 다음 두 문단을 읽고, 가장 중요하다고 생각하는 문장에 밑줄을 치고 그 이유를 적어 보세요.

A 사람들이 모두 바삐 움직인다. 녹색 신호등에 맞추려는 모양이다. 한 사람은 손에 든 무언가를 놓치기도 한다. 또 어떤 사람은 경보 선수처럼 걷는다.

B 그중에 한 사람이 눈에 띈다. 그 사람만 느리게 걷기 때문이다. 저런 속도면 아무래도 녹색 신호 안에 건너지 못할 것만 같다. 하지만 무사히 건넌다.

📝 이야기가 어떻게 흘러가나요? 사람들이 모두 바삐 움직이는데…….

08 다음 두 문단을 읽고, 가장 중요하다고 생각하는 문장에 밑줄을 치고 그 이유를 적어 보세요.

A 사람들이 모두 바삐 움직인다. 녹색 신호등에 맞추려는 모양이다. 한 사람은 손에 든 무언가를 놓치기도 한다. 또 어떤 사람은 경보 선수처럼 걷는다.

B 반면에 사방은 멈춰 있다. 바람도 없다. 또, 흘러가게 마련인 구름마저 멈춰 있다.

📝 반면에? 이건 어떤 상황일까요? 이어지는 상황일까요? 그리고, 그런데, 그러나 등 접속사도 어떤 상황을 말하는 것이죠? 그 접속사가 알려 주는 상황에 귀 기울여 보세요. 여러 상황이 보일 것입니다.

두 문단 읽기를 축소하면 두 문장 읽기가 됩니다. 두 문단의 각 문단을 한 문장으로 표현하면 두 문단은 두 문장이 되기 때문입니다. 그래서 두 문단 읽기를 한마디로 하면 두 문장 읽기입니다. 다만, 한 문단 읽기를 거쳐야 합니다.

두 문단 읽기의 가치는 두 문장 읽기의 경우처럼, 두 문단의 관계를 읽어 내는 과정이라는 것을 인식하는 데 있습니다. 앞에서도 말했지만 읽기를 그저 책 읽기처럼 책 속에 있는 글자를 읽는 것으로 보는 경향이 있기 때문입니다.

그래서 문단 관계를 읽으려는 노력이 없습니다. 하지만 문단 관계를 읽는 일은 하고 싶은 말을 파악하는 과정에서 매우 중요한 과정입니다. 실제로 문단 관계를 잘못 파악하면 하고 싶은 말을 오해할 수도 있습니다.

다행히 그 방법도 두 문장 읽기와 같습니다. 다만, 두 문단의 관계는 두 문장 관계보다 불분명한 경우가 더 많기 때문에 글쓴이의 생각을 추론해서 읽어야 필요가 있습니다. 주의할 점이라고 할 수 있습니다. 그래서 읽기의 어려움보다 쉽지 않은 글 읽기의 어려움이 현실인 셈입니다.

한 문단 읽기를 간단히 정리하면, 다음과 같습니다.

---

1. 한 문단은 하나의 정보를 담고 있다.

2. 한 문단은 두 문장 읽기의 연속이다.

3. 한 문단의 유형은 매우 다양하다. 하지만 두 문장 관계의 연속이기 때문에 궁극적으로 중심 문장 ; 뒷받침 문장, 중심 문장 └중심 문장, 중심 문장 : 중심 문장 등 세 가지로 나타난다.

4. 한 문단의 유형에 따라 각각 하고 싶은 말이 다르다. 중심 문장 ; 뒷받침 문장 유형은 앞의 중심 문장에 있고, 중심 문장 └중심 문장 유형은 뒤 중심 문장에 있고, 중심 문장 : 중심 문장 유형은 중심 문장 두 개 모두 하고 싶은 말이다.

5. 한 문단 읽기는 문단의 문장 관계를 통해 하고 싶은 말을 파악하는 과정이다. 그런데 비문을 써서 한 문장 읽기기 어려운 것처럼, 문단의 구성이 올바르지 못해 하고 싶은 말을 찾기 어려운 경우가 있으니 주의해야 한다.

읽기 연습 02

나는 필통을 여러 개 갖고 있습니다.	동물 그림이 그려져 있는 손잡이 필통이 두 개 있고요, 사각형 모양의 필통이 두 개 있습니다. 또, 쇠로 된, 모서리가 둥근 필통이 한 개 있고요, 지퍼가 달린 필통 두 개가 더 있습니다.
˩이렇게 필통이 많은 이유는 내가 필통을 좋아한다는 것을 알고 친구들이 선물로 주었기 때문입니다.	그 친구들은 늘 보고 싶은 초등학교 친구들입니다.

나는 필통을 여러 개 갖고 있습니다. 동물 그림이 그려져 있는 손잡이 필통이 두 개 있고요, 사각형 모양의 필통이 두 개 있습니다. 또, 쇠로 된, 모서리가 둥근 필통이 한 개 있고요, 지퍼가 달린 필통 두 개가 더 있습니다.

이렇게 필통이 많은 이유는 내가 필통을 좋아한다는 것을 알고 친구들이 선물로 주었기 때문입니다. 그 친구들은 늘 보고 싶은 초등학교 친구들입니다.

읽기 연습 03

나는 필통을 여러 개 갖고 있습니다.	동물 그림이 그려져 있는 손잡이 필통이 두 개 있고요, 사각형 모양의 필통이 두 개 있습니다. 또, 쇠로 된, 모서리가 둥근 필통이 한 개 있고요, 지퍼가 달린 필통 두 개가 더 있습니다.
˩동물 그림이 그려져 있는 손잡이 필통은 좀 오래된 것이어서 한눈에 보아도 낡아 보입니다.	하지만 너덜너덜할 정도는 아닙니다.

나는 필통을 여러 개 갖고 있습니다. 동물 그림이 그려져 있는 손잡이 필통이 두 개 있고요, 사각형 모양의 필통이 두 개 있습니다. 또, 쇠로 된, 모서리가 둥근 필통이 한 개 있고요, 지퍼가 달린 필통 두 개가 더 있습니다.

동물 그림이 그려져 있는 손잡이 필통은 좀 오래된 것이어서 한눈에 보아도 낡아 보입니다. 하지만 너덜너덜할 정도는 아닙니다.

나는 필통을 여러 개 갖고 있습니다.	동물 그림이 그려져 있는 손잡이 필통이 두 개 있고요, 사각형 모양의 필통이 두 개 있습니다. 또, 쇠로 된, 모서리가 둥근 필통이 한 개 있고요, 지퍼가 달린 필통 두 개가 더 있습니다.
: 그리고 연필도 여러 개를 갖고 있습니다.	모두 파란색 연필입니다. 그리고 한 자루는 새것이고, 두 자루는 사용했던 것입니다.

나는 필통을 여러 개 갖고 있습니다. 동물 그림이 그려져 있는 손잡이 필통이 두 개 있고요, 사각형 모양의 필통이 두 개 있습니다. 또, 쇠로 된, 모서리가 둥근 필통이 한 개 있고요, 지퍼가 달린 필통 두 개가 더 있습니다.

그리고 연필도 여러 개를 갖고 있습니다. 모두 파란색 연필입니다. 그리고 한 자루는 새것이고, 두 자루는 사용했던 것입니다.

나는 필통을 여러 개 갖고 있습니다.	동물 그림이 그려져 있는 손잡이 필통이 두 개 있고요, 사각형 모양의 필통이 두 개 있습니다. 또, 쇠로 된, 모서리가 둥근 필통이 한 개 있고요, 지퍼가 달린 필통 두 개가 더 있습니다.
그래서 이번엔 필통이 아니라 볼펜을 여러 자루 샀습니다.	필통이 7개면 충분하기 때문입니다. 사실 충분함을 넘어 지나친 편이지요.

나는 필통을 여러 개 갖고 있습니다. 동물 그림이 그려져 있는 손잡이 필통이 두 개 있고요, 사각형 모양의 필통이 두 개 있습니다. 또, 쇠로 된, 모서리가 둥근 필통이 한 개 있고요, 지퍼가 달린 필통 두 개가 더 있습니다.

그래서 이번엔 필통이 아니라 볼펜을 여러 자루 샀습니다. 필통이 7개이면 충분하기 때문입니다. 사실 충분함을 넘어 지나친 편이지요.

사람들이 모두 바삐 움직인다.	녹색 신호등에 맞추려는 모양이다. 한 사람은 손에 든 무언가를 놓치기도 한다. 또 어떤 사람은 경보 선수처럼 걷는다.
	; 허리를 바짝 세우고, 가슴을 내밀며, 한쪽 발이 떨어지자마자 다른 쪽 발을 내딛고 앞으로 나간다. 그리고 팔꿈치가 정면을 향할 만큼 팔을 높이 올린다.

　사람들이 모두 바삐 움직인다. 녹색 신호등에 맞추려는 모양이다. 한 사람은 손에 든 무언가를 놓치기도 한다. 또 어떤 사람은 경보 선수처럼 걷는다.

　허리를 바짝 세우고, 가슴을 내밀며, 한쪽 발이 떨어지자마자 다른 쪽 발을 내딛고 앞으로 나간다. 그리고 팔꿈치가 정면을 향할 만큼 팔을 높이 올린다.

사람들이 모두 바삐 움직인다.	녹색 신호등에 맞추려는 모양이다. 한 사람은 손에 든 무언가를 놓치기도 한다. 또 어떤 사람은 경보 선수처럼 걷는다.
└그중에 한 사람이 눈에 띈다.	그 사람만 느리게 걷기 때문이다.
└저런 속도면 아무래도 녹색 신호 안에 건너지 못할 것만 같다.	
└하지만 무사히 건넌다.	

　사람들이 모두 바삐 움직인다. 녹색 신호등에 맞추려는 모양이다. 한 사람은 손에 든 무언가를 놓치기도 한다. 또 어떤 사람은 경보 선수처럼 걷는다.

　그중에 한 사람이 눈에 띈다. 그 사람만 느리게 걷기 때문이다. 저런 속도면 아무래도 녹색 신호 안에 건너지 못할 것만 같다. 하지만 무사히 건넌다.

사람들이 모두 바삐 움직인다.	녹색 신호등에 맞추려는 모양이다. 한 사람은 손에 든 무언가를 놓치기도 한다. 또 어떤 사람은 경보 선수처럼 걷는다.
: 반면에 사방은 멈춰 있다. 바람도 없다.	
: 또, 흘러가게 마련인 구름마저 멈춰 있다.	

    사람들이 모두 바삐 움직인다. 녹색 신호등에 맞추려는 모양이다. 한 사람은 손에 든 무언가를 놓치기도 한다. 또 어떤 사람은 경보 선수처럼 걷는다.

    반면에 사방은 멈춰 있다. 바람도 없다. 또, 흘러가게 마련인 구름마저 멈춰 있다.

5장

한 단락 읽기

한 단락 이야기

　"산은 산이요, 물은 물이로다." 이 말씀은 사물을 있는 그대로 보라는 뜻이다. 그런데 사람들은 "산은 산이요, 물은 물이로다."라는 문장의 뜻을 뒤에 있는 "이 말씀은 사물을 있는 그대로 보라는 뜻이다."라는 문장 없이는 이해하기 어려워한다.

　그렇다면 뒷받침 문장 없이 한 문장만 읽고 거기서 한 문장을 제대로 읽을 수는 없을까? 그런 생각이 들 것이다. 하지만 아직 그런 방법은 없다. 왜냐하면 그렇게 되기 위해서는 뒷받침 문장의 내용을 미리 알아야 하는데, 뒷받침 문장을 미리 알 수 있는 방법은 없기 때문이다.

　이것은 두 문단으로 된 글입니다. 앞의 문단은 설명하는 뒷받침 문장 없이는 이해하기 어렵다는 조각, 뒤의 문단은 뒷받침 문장 없이 이해할 방법은 없다는 조각입니다. 두 조각 중에서 더 중요한, 더 하고 싶은 말은 뒤의 문단 조각입니다.

　이렇게 해서 두 조각으로 이루어진 어느 부분의 설명을 다 했다고 칩시다. 그건 자전거를 예로 들자면 브레이크 잡는 부분(조각)과 따르릉 벨 부분(조각)으로 구성된 핸들 부분의 설명을 막 끝낸 것입니다.

　자전거의 핸들 부분만 이야기하는 것이 글의 목적이었다면 거기서 그치면 됩니다. 그러나 자전거 전체를 이야기하려고 했다면 아주 조금만 이야기한 것이 됩니다. 안장 부분이나 체인 부분, 바퀴 부분 등 아직도 설명할 부분이 많이 남아 있습니다.

　그런데 브레이크 잡는 부분과 따르릉 벨 부분 등의 작은 조각들은 모두 핸들 부분에 포함되는 것들입니다. 그러나 핸들 부분은 안장 부분이나 체인 부분 등과 같이 자전거 전체에서 큰 부분들 중 하나입니다.

　이렇듯 핸들 부분에 포함되는 브레이크 잡는 부분과 따르릉 벨 부분처럼 글이라는 큰 부분 속 작은 부분들을 우리는 보통 문단이라고 부르고, 핸들 부분이나 안장 부분처럼 좀 더 큰 부분을 단락이라고 합니다.

　이제 다시 예문 이야기로 돌아갑니다. 위 예문의 두 문단은 글 한 편 전체로 보았을 때 어떤 단락의 부분입니다. 어떤 글이든 글 한 편은 몇 개의 단락으로 나누어지는 것이 보통이기 때문입니다. 실제로 대부분의 글은 처음—중간—끝 등 3개의 단락으로 구성됩니다. 하여간 그래서 위 예문의 두 문단은 어느 단락의 부분일 수도 있고, 단락 전체일 수도 있습니다. 물론 그것은 글쓴이가 하고 싶은 말에 따라 달라지겠지요.

그런데 우리는 읽는 입장입니다. 읽는 입장에서는 글쓴이가 어디까지를 한 단락으로 생각하는지 알면 읽기가 편해집니다. '아, 여기까지가 핸들 부분을 설명한 것이구나. 다음은 안장 부분을 설명하려나?' 이렇게 내용을 추측할 수도 있습니다. 그런데 그 단락 구분을 하지 못하게 되면, 마치 코끼리 다리 만지기처럼 다리인지 등인지 몰라서 이해하는 데 어려움을 겪을 수 있습니다.

그래서 글을 쓰는 사람들은 읽는 사람을 위해 약속을 했습니다. "한 단락의 글이 되면 한 줄을 띄우고 쓰자." 이렇게 말입니다. 그것이 공식적인 단락의 구분입니다. 그러나 모든 사람들이 다 이 약속을 지키는 것이 아니어서 우리는 알아서 단락 구분을 해야 합니다.

내용이 확연히 달라서 구분할 수 있는 글의 덩어리, 이것이 단락의 의미입니다. 예를 들어, 계절을 말한다면 봄, 여름, 가을, 겨울이 있습니다. 이때 봄, 여름, 가을, 겨울은 서로 확연히 구별됩니다. 이렇게 확연히 달라서 구분할 수 있는 글의 부분을 말하는 것이 단락입니다. 그럼 위 예문을 한 단락으로 만들어 보겠습니다.

"산은 산이요, 물은 물이로다." 이 말씀은 사물을 있는 그대로 보라는 뜻이다. 그런데 사람들은 "산은 산이요, 물은 물이로다."라는 문장의 뜻을 뒤에 있는 "이 말씀은 사물을 있는 그대로 보라는 뜻이다."라는 문장 없이는 이해하기 어려워한다.

그렇다면 뒷받침 문장 없이 한 문장만 읽고 거기서 한 문장을 제대로 읽을 수는 없을까? 그런 생각이 들 것이다. 하지만 아직 그런 방법은 없다. 왜냐하면 그렇게 되기 위해서는 뒷받침 문장의 내용을 미리 알아야 하는데, 뒷받침 문장을 미리 알 수 있는 방법은 없기 때문이다.

소설은 그렇게 시작했다.

한 문장만 추가해 보았습니다. 확연히 달라졌지요? 앞 두 문단은 소설의 첫머리가 되었고, 본격적인 이야기는 이제 시작입니다. 여기서 한 문장은 새로운 단락의 시작이고요. 어쨌

든 이제 위 예문은 두 단락의 글이 되었습니다. 우리가 이 장에서 이야기하려는 것은 이렇게 구별된 글의 덩어리, 한 단락 읽기입니다.

한 문장으로는 하고 싶은 말을 전달하기에 부족해서 두 문장이 되고, 두 문장으로 부족해서 한 문단이 되고, 한 문단으로 부족해서 두 문단이 되고, 두 문단으로 부족해서 한 단락이 됩니다. 모든 것은 그 자체가 하나의 전체이고, 그 전체는 여러 부분으로 이루어졌기 때문에 글의 구성이 이렇게 되는 것입니다.

이렇게 구성되어 있으니, 우리는 한 단락을 이렇게 읽게 됩니다. 글을 읽어 나가다 보면 한 줄을 띈 부분을 만나거나 확연히 다른 내용이 나옵니다. 그러면 '여기까지가 글의 큰 덩어리구나.' 그렇게 생각하면서 그 단락의 하고 싶은 말을 읽어야 합니다. 즉, 한 문장의 의미를 읽어 내는 것처럼, 한 문단의 의미를 한 문장으로 읽어 내는 것과 마찬가지로 한 단락의 글도 한 문장의 의미로 읽어야 합니다.

다행히도 우리는 그것을 한 문단 읽기에서 경험했습니다. 문장이 이어지면서 하나의 문장을 설명하는 것처럼, 문단이 이어지면서 하나의 문장을 설명하는 것이 한 단락입니다. 그래서 한 문단 읽기에서 문장 관계를 통해 하고 싶은 말을 읽어 낸 것처럼, 문단 관계를 통해 하고 싶은 말을 읽어야 합니다. 두 문단 읽기가 두 문장 읽기의 확장인 것처럼, 한 단락 읽기는 한 문단 읽기의 확장입니다. 역시 다음과 같은 유형이 있습니다.

가. 중심 문단 ; 뒷받침 문단

중심 문단 ; 뒷받침 문단
중심 문단 ; 뒷받침 문단 ; 뒷받침 문단
중심 문단 ; 뒷받침 문단 ; 뒷받침 문단 ; 뒷받침 문단
(……)

이 유형의 단락은 중심 문단 하나에 여러 뒷받침 문단을 둔 경우입니다. 실제로 한 문장을 뒷받침하는 문장이 세 문장 이상 있는 경우가 드물 듯이 뒷받침 문단이 세 문단 이상 되

는 경우는 드뭅니다. 물론 특수하게 필요하다면 당연히 그렇게 해야겠지요. 당연히 하고 싶은 말은 중심 문단의 주제 문장입니다.

나. 중심 문단 └중심 문단

중심 문단 ; 뒷받침 문단 └중심 문단
중심 문단 ; 뒷받침 문단 └중심 문단 ; 뒷받침 문단
중심 문단 ; 뒷받침 문단 └중심 문단 ; 뒷받침 문단 └중심 문단
(……)

이 유형의 단락은 이런저런 이야기를 하지만 결국 주제 문장이 있는 중심 문단으로 이동하여 단락을 마무리하는 유형입니다. 앞의 유형보다는 복잡한 편입니다. 역시 뒷받침 문단은 그때그때 중심 문단을 설명할 필요 때문에 들어가 있는 것이지요. 진짜 하고 싶은 말은 마지막 중심 문단의 주제 문장입니다.

다. 중심 문단 : 중심 문단

중심 문단 ; 뒷받침 문단 : 중심 문단
중심 문단 ; 뒷받침 문단 : 중심 문단 ; 뒷받침 문단
중심 문단 ; 뒷받침 문단 └중심 문단 ; 뒷받침 문단 : 중심 문단
중심 문단 ; 뒷받침 문단 : 중심 문단 ; 뒷받침 문단 : 중심 문단
(……)

이 유형의 단락은 대등한 관계에 있는 중심 문단으로 이루어진 경우입니다. 대등한 문장이 하나 이상이어도 되는 것처럼, 대등한 문단이 하나 이상이어도 됩니다. 또한 대등한 관계에 해당해야 하는 것이 원칙입니다. 핸들 부분을 이야기하는 중간에 갑사기 안장 부분을 애기하고 다시 핸들 부분을 이야기하는 식의 대등함은 아닙니다. 전혀 다른 이야기를 한다면,

반드시 문단을 구분하거나 단락을 구분하는 것이 좋습니다. 읽는 사람을 힘들게 하려면 좋은 방법이 되겠지만 말입니다. 또한 이 역시 번호를 붙인다거나 해서 나열하는 형태가 좋습니다. 예를 들어,

1. 중심 문단		● 중심 문단
2. 중심 문단	혹은	● 중심 문단
3. 중심 문단		● 중심 문단

등과 같은 형태입니다.

이제 이번 장도 마무리할 때가 된 것 같습니다. 한 단락 읽기는 단락 구분이 가장 중요합니다. 대체로 글쓴이가 구분해 주는 경우가 많지만, 그렇지 않은 경우도 있으니 어떤 이야기를 어떻게 이야기하는지 주의하면서 읽어야 합니다.

그렇게 단락 구분만 되면, 나머지는 한 문단 읽기의 확장입니다. 한 문단 읽고 한 문장으로 정리하고, 한 문단 읽고 난 뒤 앞 문단과의 관계를 파악하면서 하고 싶은 말이 있는 문단을 읽으면 됩니다. 그러면 거기 주제 문장이 있을 것입니다.

다음은 두 단락 이야기입니다. 감이 오지요? 네, 두 문장 읽기, 두 문단 읽기의 좀 더 큰 확장입니다.

이제, 진짜 한 번 넘어갑니다. 아래 문장 외에 더 할 말이 없으니까요.

POINT

한 단락도 정보를 전합니다.

01 다음은 예쁜 곰의 모습과 몇 가지 사물을 그린 그림입니다. 세 그림 중에서 가장 중요한 것이 무엇이라고 생각하는지 고르고 이유를 적어 보세요.

✎ 이제, 그림 질문에도 충분히 익숙해지셨지요? 무엇이 중요할까요?

 다음 세 문단으로 된 한 단락을 읽고, 아래 질문에 답하시오.

A 봄이라면, 우선 그 추운 겨울을 이겨 낸 계절이라서 좋습니다. 그깟 겨울이라고 할 수도 있지만, 실제로 차디찬 겨울을 지내노라면 '이 춥고 힘든 날들을 어떻게 견딜 수 있을까.' 그런 생각이 절로 납니다. 그렇게 지쳐갈 때 봄이 오는 소식은 살아갈 수 있는 힘을 주기 때문입니다.

B 그런 봄이 짧아졌습니다. 보통 3월부터 5월 말까지 세 달은 봄이었지만, 지금은 4월에 눈이 오는 등 4월까지 겨울이 이어지고 5월 말부터 여름이 시작되어, 실제로 봄은 한 달 보름 내지 한 달 정도로 짧아졌습니다. 하여간 그래서 마음 한편에 희망도 짧아진 느낌입니다.

C 그렇게 우울했다가 이런 생각에 희망을 다시 찾은 느낌입니다. 무분별한 자원의 사용 등으로 지구 온난화를 만들어 결국 그것이 봄을 짧게 한 것처럼, 이번엔 반대로 자원 낭비를 줄여 다시 봄을 늘리자고요. 그래서 희망도 다시 늘리자고요.

① A문단을 읽고 가장 중요하다고 생각하는 문장에 밑줄을 치고 그 이유를 적어 보세요.

> 단락이란, 글에서 앞의 내용과 확연히 구분할 수 있는 내용을 말합니다. 보통 한 줄을 띄우고 쓰지요. 그러나 천리 길도 한 걸음부터. 한 단락 읽기도 결국 한 문장 읽기에서 출발합니다. 그러니 각 문단을 한 문장으로 먼저 정리해야 하겠지요?

2   B문단에서 가장 주요하다고 생각하는 문장에 밑줄을 치고 앞의 두 문장과 합해서 두 문장 읽기를 하시오.

여기도 한 문단이 있네요. 이 한 문단도 한 문장으로 읽어야겠지요. 그 다음은? 앞 문단과 함께 두 문장 읽기를 해야겠지요. 꼭 이렇게 해야 하냐고요? 어쩌죠? 기차 타고 창밖을 봐서는…….

3   C문단에서 가장 중요하다고 생각하는 문장에 밑줄을 치고 앞의 두 문장과 합해서 한 단락 읽기를 하시오.

보통 한 단락은 세 문단 이상인 경우가 많습니다. 여기서는 간단하게 하기 위해 세 문단으로 했습니다. 곧 세 문장이겠지요. 세 문장은 곧 한 문단이고요, 한 문단은 곧 한 문장이고요. 한 단락을 이렇게 읽으셨나요?

너무 무리한 생각인가요? 상당히 많은 양의 글이 한 문장이라니요? 그런데 어쩌죠? 한 문장인 걸요. 조금 덧붙이자면, 풍부한 정보를 담은 한 문장. 혹은 충분히 설명된 한 문장. 명확하게 이해할 수 있는 한 문장. 뭐, 이 정도가 되겠네요.

POINT

한 문장은 하나의 정보를 전달합니다.
두 문장도 하나의 정보를 전달합니다.
한 문단도 하나의 정보를 전달합니다.
두 문단도 하나의 정보를 전달합니다.
한 단락도 **하나의 정보**를 전달합니다.

 다음 단락을 읽고 아래 질문에 답하시오.

A   봄이라면, 우선 그 추운 겨울을 이겨 낸 계절이라서 좋습니다. 그깟 겨울이라고 할 수도 있지만, 실제로 차디찬 겨울을 지내노라면 '이 춥고 힘든 날들을 어떻게 견딜 수 있을까.' 그런 생각이 절로 납니다. 그렇게 지쳐갈 때 봄이 오는 소식은 살아갈 수 있는 힘을 주기 때문입니다.

B   또, 추운 겨울을 이겨 낸 계절이라는 말은 단순히 계절만을 뜻하지 않습니다. 참기 힘든 것을 참아 냈다는 뜻도 있고요, 그 과정에서 포기하지 않고 견뎌 내기 위해 노력한 결과라는 뜻도 있을 것입니다. 또, 상황에 따라서 다양한 뜻이 있을 것입니다.

C   예를 들어, 피치 못할 사정으로 겨울을 산에서 보낼 수밖에 없었던 어떤 분은 추위와 배고픔이 너무 고통스러워 차라리 죽는 것이 낫다고 생각한 적이 한두 번이 아니었다고 합니다. 그 겨울을 이겨 내고 봄을 맞이했더니 어떤 어려움도 이겨 낼 수 있다는 희망이 생겼다고 합니다.

---

1   A문단을 읽고 가장 중요하다고 생각하는 문장에 밑줄을 치고 그 이유를 적어 보세요.

____

____

____

    📝 한 단락은 몇 개의 문단으로 이루어져 있습니다. 그러므로 몇 개의 문단을 읽는 일이죠. 그리고 몇 개의 문단을 읽는 일은 몇 개의 문장을 읽는 일이고요.

2　B문단에서 가장 중요하다고 생각하는 문장에 밑줄을 치고 앞 문단의 한 문장과 합해서 두 문장 읽기를 하시오.

또? 또는 어떤 상황을 뜻하는 말일까요? 이어지나요? 설명하나요? 아니면 무엇일까요?

3　C문단에서 가장 중요하다고 생각하는 문장에 밑줄을 치고 앞의 두 문장과 합해서 한 단락 읽기를 하시오.

예를 들어? 예를 든다는 건 무엇인가 앞의 내용을 설명한다는 것이겠죠?

04   다음 단락을 읽고 아래 질문에 답하시오.

A   봄이라면, 우선 그 추운 겨울을 이겨 낸 계절이라서 좋습니다. 그깟 겨울이라고 할 수도 있지만, 실제로 차디찬 겨울을 지내노라면 '이 춥고 힘든 날들을 어떻게 견딜 수 있을까.' 그런 생각이 절로 납니다. 그렇게 지쳐갈 때 봄이 오는 소식은 살아갈 수 있는 힘을 주기 때문입니다.

B   그런 봄이 짧아졌습니다. 보통 3월부터 5월 말까지 세 달은 봄이었지만, 지금은 4월에 눈이 오는 등 4월까지 겨울이 이어지고 5월 말부터 여름이 시작되어, 실제로 봄은 한 달 보름 내지 한 달 정도로 짧아졌습니다. 하여간 그래서 마음 한편에 희망도 짧아진 느낌입니다.

C   짧아진 희망은 우리의 삶도 짧게 만듭니다. 아무리 힘들어도 희망이 있기에 살아가는데, 그 희망이 짧아지면 더 힘들 것입니다. 다소 우스운 이야기가 되겠지만, 봄을 늘리면 우리의 희망도 늘어날 것입니다. 그러니 우리 모두 환경 문제에 힘써 봄을 늘려요!

---

1   A문단을 읽고 가장 중요하다고 생각하는 문장에 밑줄을 치고 그 이유를 적어 보세요.

   단락이 언제 시작할지 어떻게 알 수 있을까요? 지켜지지 않는 경우도 많지만 아직은 한 줄을 띄거나, 여러 줄을 띄거나, 어떤 예쁜 기호를 넣어 구분하거나 합니다. 그렇지 않은 경우는 오로지 내용으로 구분해야 하지요.

2 B문단에서 가장 중요하다고 생각하는 문장에 밑줄을 치고 앞 문단의 한 문장
과 합해서 두 문장 읽기를 하시오.

그런? 이 예리함. '그런'이란 낱말은 앞에서 무언가 얘기한 것이 있다는 것을 전제로
하겠죠? 그래야 '그'것이라고 부를 수 있으니까요. 이렇게 낱말 하나에도 다 뜻이 있
으니, 좀 자세히 본다면 논리 관계를 파악할 때 도움이 좀 됩니다.

3 C문단에서 가장 중요하다고 생각하는 문장에 밑줄을 치고 앞의 두 문장과 합
해서 한 단락 읽기를 하시오.

앞 문단의 짧아진 희망을 이어받습니다. 그렇다면 앞 문단에 이어지는 문단이겠지
요?

05 다음 단락을 읽고 아래 질문에 답하시오.

A　봄이라면, 우선 그 추운 겨울을 이겨 낸 계절이라서 좋습니다. 그깟 겨울이라고 할 수도 있지만, 실제로 차디찬 겨울을 지내노라면 '이 춥고 힘든 날들을 어떻게 견딜 수 있을까.' 그런 생각이 절로 납니다. 그렇게 지쳐갈 때 봄이 오는 소식은 살아갈 수 있는 힘을 주기 때문입니다.

B　또, 봄은 새롭게 시작할 수 있는 분위기라서 좋습니다. 봄이 시작되는 3월은 새 학기가 시작되는데, 이 3월에 지난해 묵었던 것들을 툴툴 털어낼 수 있기 때문입니다. 새 학기를 맞아 새 옷과 새 신, 그리고 새 책까지 온갖 새것들과 함께 새롭게 한 해를 시작했던 경험은 누구나 있었겠지요.

C　또, 봄이 좋은 이유는 많지만 마지막으로 한 가지만 더 든다면, 봄은 무엇보다도 진달래와 개나리 등 온갖 꽃들이 피어나서 좋습니다. 산에 들에 피어 있는 꽃들을 보고 있노라면, 정말이지 그제야 겨우내 웅크렸던 어깨가 펴지기 때문입니다.

1　A문단을 읽고 가장 중요하다고 생각하는 문장에 밑줄을 치고 그 이유를 적어 보세요.

✎ 우선, 가볍게 이 한 문단을 한 문장으로 읽습니다. 마지막 문장의 '~때문입니다.'라는 구절은 뒷받침 문장임을 증명하고 있죠?

2　B문단에서 가장 중요하다고 생각하는 문장에 밑줄을 치고 앞 문단의 한 문장과 합해서 두 문장 읽기를 하시오.

✎ 또? 또 나왔네요. 눈치 빠른 분은 이 '또'라는 낱말만 가지고 이 문단을 읽을지 말지 결정한다지요? 물론 바람직한 것으로 보이지는 않지요. 하지만 바쁘다면? 시간이 없어 빨리 읽어야 한다면? 그때는 얘기가 달라지겠지요?

③ C문단에서 가장 중요하다고 생각하는 문장에 밑줄을 치고 앞의 두 문장과 합해서 한 단락 읽기를 하시오.

또? 이건 저도 예상치 못했네요. 하여간 '또'가 또 나왔으니……

뭐, 놀랄 것도 없지요. 단락도 결국 세 모양의 법칙을 따르네요.

POINT

그런데 이 단락들은,
'중심 문단 ; 뒷받침 문단'의 모양이며,
'중심 문단 ┗중심 문단'의 모양이며,
'중심 문단 : 중심 문단'의 모양입니다.

POINT : 한 단락 읽기란?

여러 작은 부분으로 이루어진
큰 부분에서
핵심 정보를 찾는 것

단락은 단락보다 작은 어떤 부분들이 있어야 합니다. 그것이 문단이지요. 그 작은 부분들에서 단락의 정보를 찾습니다. 본래 찾아야 하는 것이 아님에도, 확연히 드러나 있어야 하는 것임에도 불구하고 숨어 있으니 찾는 것이지요.

　다음 단락을 읽고 아래 질문에 답하시오.

A　　하늘은 많은 느낌을 줍니다. 하늘을 나는 새를 보며, 하늘이 높아서 새삼 지구가 꽤 크다는 것을 알 수 있습니다. 또, 밤에 하늘에 펼쳐진 별들을 보노라면, 새삼 지구가 이 많은 별 중의 하나라는 것을 알 수 있습니다. 그렇게 하늘을 보며 내가 맞다는 생각을 쉬 접을 수 있었습니다. 그래서 고집을 버려야 할 일이 생기면 하늘을 보는 버릇이 생겼습니다.

B　　하늘을 보는 버릇은 우연히 찾아왔습니다. 5년 전인가요, 회사에서 회의를 하던 때였는데, 정말 내 말을 이해하는 사람이 한 명도 없었습니다. 빤한 이야기였는데도 말이지요. 얼마나 화가 나던지, 그 길로 나와서 옥상으로 올라가 한참 동안 하늘을 보게 되었지요. 그때 제 고집이 스스르 물러났습니다.

C　　그날 이후, 내 생각이 고집인가 싶으면 낮이든 밤이든 하늘을 봅니다. 한참을 보면 그것이 고집인지 아닌지 알 수 있기 때문입니다. 그것이 제 고집을 확인하는 방법이며, 고집을 버리기 위한 노력이기도 합니다.

1　A문단을 읽고 가장 중요하다고 생각하는 문장에 밑줄을 치고 그 이유를 적어 보세요.

　　✎ 좋은 힌트는 아니지만 급할 때 사용하시라고 한 말씀 드리면, '또, 그렇게, 그래서'를 보면 흐름이 보이지요?

2 B문단에서 가장 중요하다고 생각하는 문장에 밑줄을 치고 앞 문단의 한 문장과 합해서 두 문장 읽기를 하시오.

첫 번째 문단은 '하늘을 보는 버릇이 생겼습니다.'는 말이고요, 두 번째 문단은 '고집이 스스르 물러났습니다.'는 말입니다. 그래서 현재 하고 싶은 말은 '고집이 스스르 물러났습니다.'가 됩니다. '버릇이 생겼는데, 고집이 스스로 물러났습니다.'는 말이기 때문입니다. 한 문단이 한 문장이 되니까 두 문단은 두 문장이 되지요?

3 C문단에서 가장 중요하다고 생각하는 문장에 밑줄을 치고 앞의 두 문장과 합해서 한 단락 읽기를 하시오.

첫 번째 문단은 '하늘을 보는 버릇이 생겼습니다.'는 말이고요, 두 번째 문단은 '고집이 스스르 물러났습니다.'는 말입니다. 그래서 현재 하고 싶은 말은 '고집이 스스르 물러났습니다.'가 됩니다. '버릇이 생겼는데, 고집이 스스로 물러났습니다.'는 말이기 때문입니다. 그리고 세 번째 문단에서 하고 싶은 말은 '하늘을 봅니다.'이기 때문에 현재까지 글에서 하고 싶은 말은 '하늘을 봅니다.'가 됩니다. '버릇이 생겼는데, 고집이 스스로 물러났습니다. 그래서 하늘을 봅니다'는 말이기 때문입니다.
 중심 문장인지 뒷받침 문장인지 알쏭달쏭하면, 결과적으로 더 중요한 것과 심정적으로 더 하고 싶은 말을 찾습니다. 더 확실하게 밝혀 보려면 학문적 접근이 필요합니다. 하지만 언제나 현실이 이론보다 강하니 그럴 필요는 없을 겁니다.

07 다음 단락을 읽고 아래 질문에 답하시오.

A   하늘은 많은 느낌을 줍니다. 하늘을 나는 새를 보며, 하늘이 높아서 새삼 지구가 꽤 크다는 것을 알 수 있습니다. 또, 밤에 하늘에 펼쳐진 별들을 보노라면, 새삼 지구가 이 많은 별 중의 하나라는 것을 알 수 있습니다. 그렇게 하늘을 보며 내가 맞다는 생각을 쉬 접을 수 있었습니다. 그래서 고집을 버려야 할 일이 생기면 하늘을 보는 버릇이 생겼습니다.

B   하늘을 보는 버릇이 생기고 난 후에 사람들은 저의 변화를 금방 알아보았습니다. 고집쟁이가 잠깐 나갔다 오면 쉬 고집을 꺾었으니까요. 저도 그런 변화에 스스로 만족하고 있었던 터라 그 모습은 한동안 지속되었습니다.

C   그런데 하늘을 보아도 고집을 버릴 수 없는 일이 벌어졌습니다. 하늘을 보고도 고집을 내려놓지 않은 적이 한 번도 없었기에 저도 당황스러운 일이었습니다. 그 일은 제가 고집을 내려놓았던 걸 되돌려 달라는 요구였습니다. 즉, 다시 처음으로 돌아와 달라는 요구였습니다.

① A문단을 읽고 가장 중요하다고 생각하는 문장에 밑줄을 치고 그 이유를 적어 보세요.

✎ 마지막 문장의 '그래서'가 눈에 들어오는군요. 그렇다고 한 문장 읽기 등 과정을 소홀히 하면 흐름을 이해할 수는 있어도 글의 뜻까지 이해하는 것은 아니니 반드시 한 문장 읽기 등 과정에 충실하세요.

2️⃣ B문단에서 가장 중요하다고 생각하는 문장에 밑줄을 치고 앞 문단의 한 문장과 합해서 두 문장 읽기를 하시오.

✎ 사실, 단락 정도의 덩어리 글을 읽게 되면 한 문장 읽기에 충실하지 못할 가능성이 높습니다. 그 이유는 앞서도 말씀 드렸지만 단락 정도의 큰 부분에서는 핵심을 찾는 것만 해도 바쁘기 때문입니다.

3️⃣ C문단에서 가장 중요하다고 생각하는 문장에 밑줄을 치고 앞의 두 문장과 합해서 한 단락 읽기를 하시오.

✎ 하지만 뜻은 한 문장부터 시작하니, 한 문장 읽기부터 시작해야 합니다. 내가 원하는 정보를 빨리 찾는 문제는 검색의 문제로, 읽기의 문제와는 다릅니다. 읽기를 한다면, 우선 읽기에 충실해야 합니다. 검색은 검색창에서, 읽기는 한 문장부터!

 다음 단락을 읽고 아래 질문에 답하시오.

A   하늘은 많은 느낌을 줍니다. 하늘을 나는 새를 보며, 하늘이 높아서 새삼 지구가 꽤 크다는 것을 알 수 있습니다. 또, 밤에 하늘에 펼쳐진 별들을 보노라면, 새삼 지구가 이 많은 별 중의 하나라는 것을 알 수 있습니다. 그렇게 하늘을 보며 내가 맞다는 생각을 쉬 접을 수 있었습니다. 그래서 고집을 버려야 할 일이 생기면 하늘을 보는 버릇이 생겼습니다.

B   그리고 살다 보면 고민거리가 생기게 마련이지요. 그리고 이런저런 일들로 이런저런 생각을 하다 보면 몸으로 움직인 것보다 더 지치는 경우도 있습니다. 그래서 고민이 생기면 뒷산에 오르는 버릇도 생겼습니다. 고민도 하고, 고민하느라 떨어지는 체력을 보충하려는 생각 때문입니다.

C   그리고 그 후에 한 가지 버릇이 더 생겼는데, 그것은 가까운 거리는 걸어가는 것입니다. 이것은 한때 허리가 좋지 않아 애를 먹고 있었을 때, 걸었더니 한결 나아진 걸 느끼고 나서부터 생긴 버릇입니다. 버스로 두 정거장 정도는 기본이고 다섯 정거장까지도 서슴지 않고 걷습니다.

1   A문단을 읽고 가장 중요하다고 생각하는 문장에 밑줄을 치고 그 이유를 적어 보세요.

✎ 참, 밑줄이 해설과 다를 경우 100% 내가 틀렸다고 하기는 어렵습니다. 한 문장의 정보를 어떤 것으로 볼 것인지, 두 문장의 관계를 어떤 관계로 볼 것인지 등을 판단하는 데 있어서 명확한 근거를 제시한다면 그 의견이 옳을 수 있기 때문입니다.

2 B문단에서 가장 중요하다고 생각하는 문장에 밑줄을 치고 앞 문단의 한 문장과 합해서 두 문장 읽기를 하시오.

이제 한 단락 읽기가 끝나가네요. 그래서 단락의 부분을 좀 더 설명해 볼까 싶습니다. 단락의 부분을 설명하기 가장 좋은 예는 아마도 봄, 여름, 가을, 겨울입니다. 확연하게 구별되기 때문입니다. 이 사계절 각각이 단락입니다.

3 C문단에서 가장 중요하다고 생각하는 문장에 밑줄을 치고 앞의 두 문장과 합해서 한 단락 읽기를 하시오.

'~데, ~다.' 이런 문장이라면, 당연히 뒷부분이 문장의 핵심 정보가 되겠지요. 그런 경우도 있지만, '~고, ~다.'인 경우는 어떨까요? 이때도 뒷부분이 핵심일까요? 내용에 따라 달라지겠죠? 긴 문장의 경우 몇 개의 문장이 들어갈 수 있으니, 유의!

한 단락은 이미 완성된 글입니다. 전체 글 속에서는 아직 부분이지만요. 전체 글은 보통 크게 몇 개의 부분으로 나눌 수 있는데, 단락은 그중의 하나인 것입니다. 예를 들어 자전거를 몇 개의 부분으로 크게 나눈다면 핸들 부분과 체인 부분과 바퀴 부분으로 볼 수 있습니다. 여기서 핸들, 체인, 바퀴 부분이 글에서는 단락으로 볼 수 있는 것이죠. 그래서 한 단락 읽기는 한 문단 읽기만큼이나 중요한 과정입니다. 결국 한 단락이 한 문장이 되기 때문입니다.

한 단락 읽기 과정에서 가장 주의해야 할 것은 단락의 구분입니다. 확연히 달라서 자연스레 구분되는 것이 단락의 역할이지만 현실의 글에서 단락을 구분하는 건 쉽지 않기 때문입니다.

그중에서도 문단이라고 부르기에도, 단락이라고 부르기에도 적절하지 않는 부분이 있습니다. 문단이 길어져서 보기에 좋게 두 개나 세 개의 형식 문단으로 구분한 부분입니다. 화제 문단이라고 부르기도 하는데, 이 화제 문단은 하나의 문단으로 보는 것이 좋습니다.

한 단락 읽기를 간단히 정리하면 다음과 같습니다.

1. 단락은 정보를 담고 있다.

2. 단락은 한 문단 읽기의 축소판이다.

3. 단락의 유형은 매우 다양하지만 궁극적으로 두 문장 읽기와 같다. '중심 문장 ; 뒷받침 문장, 중심 문장 ㄴ중심 문장, 중심 문장 : 중심 문장' 등 세 가지로 나타난다.

4. 단락의 유형에 따라 각각 하고 싶은 말이 다르다. '중심 문장 ; 뒷받침 문장' 유형은 앞의 중심 문장에 하고 싶은 말이 있고, '중심 문장 ㄴ중심 문장' 유형은 뒤의 중심 문장에 하고 싶은 말이 있으며, 중심 문장 : 중심 문장' 유형은 중심 문장 두 개 모두 하고 싶은 말이다.

5. 한 단락 읽기는 단락 속의 각 문단을 각각 한 문장으로 읽는 한 문단 읽기와, 각 문단의 한 문장을 읽는 두 문장 읽기를 통해 결국 하고 싶은 말 한 문장을 파악하는 과정이다. 한 단락 읽기는 단락 구분에 주의해야 한다.

〈 읽기 연습 〉 02

봄이라면, 우선 그 추운 겨울을 이겨 낸 계절이라서 좋습니다.	그깟 겨울이라고 할 수도 있지만, 실제로 차디찬 겨울을 지내노라면 '이 춥고 힘든 날들을 어떻게 견딜 수 있을까.' 그런 생각이 절로 납니다. 그렇게 지쳐갈 때 봄이 오는 소식은 살아갈 수 있는 힘을 주기 때문입니다.
그런 봄이 짧아졌습니다.	보통 3월부터 5월 말까지 세 달은 봄이었지만, 지금은 4월에 눈이 오는 등 4월까지 겨울이 이어지고 5월 말부터 여름이 시작되어, 실제로 봄은 한 달 보름 내지 한 달 정도로 짧아졌습니다.
하여간 그래서 마음 한편에 희망도 짧아신 느낌입니다.	
그렇게 우울했다가 이런 생각에 희망을 다시 찾은 느낌입니다.	무분별한 자원의 사용 등으로 지구 온난화를 만들어 결국 그것이 봄을 짧게 한 것처럼, 이번엔 반대로 자원 낭비를 줄여 다시 봄을 늘리자고요.
그래서 희망도 다시 늘리자고요.	

    봄이라면, 우선 그 추운 겨울을 이겨 낸 계절이라서 좋습니다. 그깟 겨울이라고 할 수도 있지만, 실제로 차디찬 겨울을 지내노라면 '이 춥고 힘든 날들을 어떻게 견딜 수 있을까.' 그런 생각이 절로 납니다. 그렇게 지쳐갈 때 봄이 오는 소식은 살아갈 수 있는 힘을 주기 때문입니다.

    그런 봄이 짧아졌습니다. 보통 3월부터 5월 말까지 세 달은 봄이었지만, 지금은 4월에 눈이 오는 등 4월까지 겨울이 이어지고 5월 말부터 여름이 시작되어, 실제로 봄은 한 달 보름 내지 한 달 정도로 짧아졌습니다. 하여간 그래서 마음 한편에 희망도 짧아진 느낌입니다.

    그렇게 우울했다가 이런 생각에 희망을 다시 찾은 느낌입니다. 무분별한 자원의 사용 등으로 지구 온난화를 만들어 결국 그것이 봄을 짧게 한 것처럼, 이번엔 반대로 자원 낭비를 줄여 다시 봄을 늘리자고요. 그래서 희망도 다시 늘리자고요.

봄이라면, 우선 그 추운 겨울을 이겨 낸 계절이라서 좋습니다.	그깟 겨울이라고 할 수도 있지만, 실제로 차디찬 겨울을 지내노라면 '이 춥고 힘든 날들을 어떻게 견딜 수 있을까.' 그런 생각이 절로 납니다. 그렇게 지쳐갈 때 봄이 오는 소식은 살아갈 수 있는 힘을 주기 때문입니다.
	; 또, 추운 겨울을 이겨 낸 계절이라는 말은 단순히 계절만을 뜻하지 않습니다. 참기 힘든 것을 참아 냈다는 뜻도 있고요, 그 과정에서 포기하지 않고 견뎌 내기 위해 노력한 결과라는 뜻도 있을 것입니다. 또, 상황에 따라서 다양한 뜻이 있을 것입니다.
	; 예를 들어, 피치 못할 사정으로 겨울을 산에서 보낼 수밖에 없었던 어떤 분은 추위와 배고픔이 너무 고통스러워 차라리 죽는 것이 낫다고 생각한 적이 한두 번이 아니었다고 합니다. 그 겨울을 이겨 내고 봄을 맞이했더니 어떤 어려움도 이겨 낼 수 있다는 희망이 생겼다고 합니다.

봄이라면, 우선 그 추운 겨울을 이겨 낸 계절이라서 좋습니다. 그깟 겨울이라고 할 수도 있지만, 실제로 차디찬 겨울을 지내노라면 '이 춥고 힘든 날들을 어떻게 견딜 수 있을까.' 그런 생각이 절로 납니다. 그렇게 지쳐갈 때 봄이 오는 소식은 살아갈 수 있는 힘을 주기 때문입니다.

또, 추운 겨울을 이겨 낸 계절이라는 말은 단순히 계절만을 뜻하지 않습니다. 참기 힘든 것을 참아 냈다는 뜻도 있고요, 그 과정에서 포기하지 않고 견뎌 내기 위해 노력한 결과라는 뜻도 있을 것입니다. 또, 상황에 따라서 다양한 뜻이 있을 것입니다.

예를 들어, 피치 못할 사정으로 겨울을 산에서 보낼 수밖에 없었던 어떤 분은 추위와 배고픔이 너무 고통스러워 차라리 죽는 것이 낫다고 생각한 적이 한두 번이 아니었다고 합니다. 그 겨울을 이겨 내고 봄을 맞이했더니 어떤 어려움도 이겨 낼 수 있다는 희망이 생겼다고 합니다.

봄이라면, 우선 그 추운 겨울을 이겨 낸 계절이라서 좋습니다.	그깟 겨울이라고 할 수도 있지만, 실제로 차디찬 겨울을 지내노라면 '이 춥고 힘든 날들을 어떻게 견딜 수 있을까.' 그런 생각이 절로 납니다. 그렇게 지쳐갈 때 봄이 오는 소식은 살아갈 수 있는 힘을 주기 때문입니다.
└그런 봄이 짧아졌습니다.	보통 3월부터 5월 말까지 세 달은 봄이었지만, 지금은 4월에 눈이 오는 등 4월까지 겨울이 이어지고 5월 말부터 여름이 시작되어, 실제로 봄은 한 달 보름 내지 한 달 정도로 짧아졌습니다.
└하여간 그래서 마음 한 편에 희망도 짧아진 느낌입니다.	
└짧아진 희망은 우리의 삶도 짧게 만듭니다.	아무리 힘들어도 희망이 있기에 살아가는데, 그 희망이 짧아지면 더 힘들 것입니다. 다소 우스운 이야기가 되겠지만, 봄을 늘리면 우리의 희망도 늘어날 것입니다.
└그러니 우리 모두 환경문제에 힘써 봄을 늘려요!	

봄이라면, 우선 그 추운 겨울을 이겨 낸 계절이라서 좋습니다. 그깟 겨울이라고 할 수도 있지만, 실제로 차디찬 겨울을 지내노라면 '이 춥고 힘든 날들을 어떻게 견딜 수 있을까.' 그런 생각이 절로 납니다. 그렇게 지쳐갈 때 봄이 오는 소식은 살아갈 수 있는 힘을 주기 때문입니다.

그런 봄이 짧아졌습니다. 보통 3월부터 5월 말까지 세 달은 봄이었지만, 지금은 4월에 눈이 오는 등 4월까지 겨울이 이어지고 5월 말부터 여름이 시작되어, 실제로 봄은 한 달 보름 내지 한 달 정도로 짧아졌습니다. 하여간 그래서 마음 한편에 희망도 짧아진 느낌입니다.

짧아진 희망은 우리의 삶도 짧게 만듭니다. 아무리 힘들어도 희망이 있기에 살아가는데, 그 희망이 짧아지면 더 힘들 것입니다. 다소 우스운 이야기가 되겠지만, 봄을 늘리면 우리의 희망도 늘어날 것입니다. 그러니 우리 모두 환경문제에 힘써 봄을 늘려요!

봄이라면, 우선 그 추운 겨울을 이겨 낸 계절이라서 좋습니다.	그깟 겨울이라고 할 수도 있지만, 실제로 차디찬 겨울을 지내노라면 '이 춥고 힘든 날들을 어떻게 견딜 수 있을까.' 그런 생각이 절로 납니다. 그렇게 지쳐갈 때 봄이 오는 소식은 살아갈 수 있는 힘을 주기 때문입니다.
: 또, 봄은 새롭게 시작할 수 있는 분위기라서 좋습니다.	봄이 시작되는 3월은 새 학기가 시작되는데, 이 3월에 지난해 묵었던 것들을 툴툴 털어낼 수 있기 때문입니다. 새 학기를 맞아 새 옷과 새 신, 그리고 새 책까지 온갖 새것들과 함께 새롭게 한 해를 시작했던 경험은 누구나 있었겠지요.
: 또, 봄이 좋은 이유는 많지만 마지막으로 한 가지만 더 든다면, 봄은 무엇보다도 진달래와 개나리 등 온갖 꽃들이 피어나서 좋습니다.	산에 들에 피어 있는 꽃들을 보고 있노라면, 정말이지 그제야 겨우내 웅크렸던 어깨가 펴지기 때문입니다.

봄이라면, 우선 그 추운 겨울을 이겨 낸 계절이라서 좋습니다. 그깟 겨울이라고 할 수도 있지만, 실제로 차디찬 겨울을 지내노라면 '이 춥고 힘든 날들을 어떻게 견딜 수 있을까.' 그런 생각이 절로 납니다. 그렇게 지쳐갈 때 봄이 오는 소식은 살아갈 수 있는 힘을 주기 때문입니다.

또, 봄은 새롭게 시작할 수 있는 분위기라서 좋습니다. 봄이 시작되는 3월은 새 학기가 시작되는데, 이 3월에 지난해 묵었던 것들을 툴툴 털어낼 수 있기 때문입니다. 새 학기를 맞아 새 옷과 새 신, 그리고 새 책까지 온갖 새것들과 함께 새롭게 한 해를 시작했던 경험은 누구나 있었겠지요.

또, 봄이 좋은 이유는 많지만 마지막으로 한 가지만 더 든다면, 봄은 무엇보다도 진달래와 개나리 등 온갖 꽃들이 피어나서 좋습니다. 산에 들에 피어 있는 꽃들을 보고 있노라면, 정말이지 그제야 겨우내 웅크렸던 어깨가 펴지기 때문입니다.

하늘은 많은 느낌을 줍니다.	하늘을 나는 새를 보며, 하늘이 높아서 새삼 지구가 꽤 크다는 것을 알 수 있습니다. 또, 밤에 하늘에 펼쳐진 별들을 보노라면, 새삼 지구가 이 많은 별 중의 하나라는 것을 알 수 있습니다.
그렇게 하늘을 보며 내가 맞다는 생각을 쉬 접을 수 있었습니다.	
그래서 고집을 버려야 할 일이 생기면 하늘을 보는 버릇이 생겼습니다.	하늘을 보는 버릇은 우연히 찾아왔습니다. 5년 전인가요, 회사에서 회의를 하던 때였는데, 정말 내 말을 이해하는 사람이 한 명도 없었습니다. 빤한 이야기였는데도 말이지요. 얼마나 화가 나던지, 그 길로 나와서 옥상으로 올라가 한참 동안 하늘을 보게 되었지요. 그때 제 고집이 스스르 물러났습니다.
그날 이후, 내 생각이 고집인가 싶으면 낮이든 밤이든 하늘을 봅니다.	한참을 보면 그것이 고집인지 아닌지 알 수 있기 때문입니다. 그것이 제 고집을 확인하는 방법이며, 고집을 버리기 위한 노력이기도 합니다.

하늘은 많은 느낌을 줍니다. 하늘을 나는 새를 보며, 하늘이 높아서 새삼 지구가 꽤 크다는 것을 알 수 있습니다. 또, 밤에 하늘에 펼쳐진 별들을 보노라면, 새삼 지구가 이 많은 별 중의 하나라는 것을 알 수 있습니다. 그렇게 하늘을 보며 내가 맞다는 생각을 쉬 접을 수 있었습니다. 그래서 고집을 버려야 할 일이 생기면 하늘을 보는 버릇이 생겼습니다.

하늘을 보는 버릇은 우연히 찾아왔습니다. 5년 전인가요, 회사에서 회의를 하던 때였는데, 정말 내 말을 이해하는 사람이 한 명도 없었습니다. 빤한 이야기였는데도 말이지요. 얼마나 화가 나던지, 그 길로 나와서 옥상으로 올라가 한참 동안 하늘을 보게 되었지요. 그때 제 고집이 스스르 물러났습니다.

그날 이후, 내 생각이 고집인가 싶으면 낮이든 밤이든 하늘을 봅니다. 한참을 보면 그것이 고집인지 아닌지 알 수 있기 때문입니다. 그것이 제 고집을 확인하는 방법이며, 고집을 버리기 위한 노력이기도 합니다.

하늘은 많은 느낌을 줍니다.	하늘을 나는 새를 보며, 하늘이 높아서 새삼 지구가 꽤 크다는 것을 알 수 있습니다. 또, 밤에 하늘에 펼쳐진 별들을 보노라면, 새삼 지구가 이 많은 별 중의 하나라는 것을 알 수 있습니다.
└그렇게 하늘을 보며 내가 맞다는 생각을 쉬 접을 수 있었습니다.	
└그래서 고집을 버려야 할 일이 생기면 하늘을 보는 버릇이 생겼습니다.	
└하늘을 보는 버릇이 생기고 난 후에 사람들은 저의 변화를 금방 알아보았습니다.	고집쟁이가 잠깐 나갔다 오면 쉬 고집을 꺾었으니까요.
└저도 그런 변화에 스스로 만족하고 있었던 터라 그 모습은 한동안 지속되었습니다.	
└그런데 하늘을 보아도 고집을 버릴 수 없는 일이 벌어졌습니다.	하늘을 보고도 고집을 내려놓지 않은 적이 한 번도 없었기에 저도 당황스러운 일이었습니다.
└그 일은 제가 고집을 내려놓았던 걸 되돌려 달라는 요구였습니다.	즉, 다시 처음으로 돌아와 달라는 요구였습니다.

　　하늘은 많은 느낌을 줍니다. 하늘을 나는 새를 보며, 하늘이 높아서 새삼 지구가 꽤 크다는 것을 알 수 있습니다. 또, 밤에 하늘에 펼쳐진 별들을 보노라면, 새삼 지구가 이 많은 별 중의 하나라는 것을 알 수 있습니다. 그렇게 하늘을 보며 내가 맞다는 생각을 쉬 접을 수 있었습니다. 그래서 고집을 버려야 할 일이 생기면 하늘을 보는 버릇이 생겼습니다.

　　하늘을 보는 버릇이 생기고 난 후에 사람들은 저의 변화를 금방 알아보았습니다. 고집쟁이가 잠깐 나갔다 오면 쉬 고집을 꺾었으니까요. 저도 그런 변화에 스스로 만족하고 있었던 터라 그 모습은 한동안 지속되었습니다.

　　그런데 하늘을 보아도 고집을 버릴 수 없는 일이 벌어졌습니다. 하늘을 보고도 고집을 내려놓지 않은 적이 한 번도 없었기에 저도 당황스러운 일이었습니다. 그 일은 제가 고집을 내려놓았던 걸 되돌려 달라는 요구였습니다. 즉, 다시 처음으로 돌아와 달라는 요구였습니다.

하늘은 많은 느낌을 줍니다.	하늘을 나는 새를 보며, 하늘이 높아서 새삼 지구가 꽤 크다는 것을 알 수 있습니다. 또, 밤에 하늘에 펼쳐진 별들을 보노라면, 새삼 지구가 이 많은 별 중의 하나라는 것을 알 수 있습니다.
그렇게 하늘을 보며 내가 맞다는 생각을 쉬 접을 수 있었습니다.	
그래서 고집을 버려야 할 일이 생기면 하늘을 보는 버릇이 생겼습니다.	
: 그리고 살다 보면 고민거리가 생기게 마련이지요.	
: 그리고 이런저런 일들로 이런저런 생각을 하다 보면 몸으로 움직인 것보다 더 지치는 경우도 있습니다.	
그래서 고민이 생기면 뒷산에 오르는 버릇도 생겼습니다.	고민도 하고, 고민하느라 떨어지는 체력을 보충하려는 생각 때문입니다.
: 그리고 그 후에 한 가지 버릇이 더 생겼는데, 그것은 가까운 거리는 걸어가는 것입니다.	이것은 한때 허리가 좋지 않아 애를 먹고 있었을 때, 걸었더니 한결 나아진 걸 느끼고 나서부터 생긴 버릇입니다. 버스로 두 정거장 정도는 기본이고 다섯 정거장까지도 서슴지 않고 걷습니다.

하늘은 많은 느낌을 줍니다. 하늘을 나는 새를 보며, 하늘이 높아서 새삼 지구가 꽤 크다는 것을 알 수 있습니다. 또, 밤에 하늘에 펼쳐진 별들을 보노라면, 새삼 지구가 이 많은 별 중의 하나라는 것을 알 수 있습니다. 그렇게 하늘을 보며 내가 맞다는 생각을 쉬 접을 수 있었습니다. 그래서 고집을 버려야 할 일이 생기면 하늘을 보는 버릇이 생겼습니다.

그리고 살다 보면 고민거리가 생기게 마련이지요. 그리고 이런저런 일들로 이런저런 생각을 하다 보면 몸으로 움직인 것보다 더 지치는 경우도 있습니다. 그래서 고민이 생기면 뒷산에 오르는 버릇도 생겼습니다. 고민도 하고, 고민하느라 떨어지는 체력을 보충하려는 생각 때문입니다.

그리고 그 후에 한 가지 버릇이 더 생겼는데, 그것은 가까운 거리는 걸어가는 것입니다. 이것은 한때 허리가 좋지 않아 애를 먹고 있었을 때, 걸었더니 한결 나아진 걸 느끼고 나서부터 생긴 버릇입니다. 버스로 두 정거장 정도는 기본이고 다섯 정거장까지도 서슴지 않고 걷습니다.

6장

두 단락 읽기

두 단락 이야기

"산은 산이요, 물은 물이로다." 이 말씀은 사물을 있는 그대로 보라는 뜻이다. 그런데 사람들은 "산은 산이요, 물은 물이로다."라는 문장의 뜻을 뒤에 있는 "이 말씀은 사물을 있는 그대로 보라는 뜻이다."라는 문장 없이는 이해하기 어려워한다.

그렇다면 뒷받침 문장 없이 한 문장만 읽고 거기서 한 문장을 제대로 읽을 수는 없을까? 그런 생각이 들 것이다. 하지만 아직 그런 방법은 없다. 왜냐하면 그렇게 되기 위해서는 뒷받침 문장의 내용을 미리 알아야 하는데, 뒷받침 문장을 미리 알 수 있는 방법은 없기 때문이다.

이것이 한 단락이고,

"산은 산이요, 물은 물이로다." 이 말씀은 사물을 있는 그대로 보라는 뜻이다. 그런데 사람들은 "산은 산이요, 물은 물이로다."라는 문장의 뜻을 뒤에 있는 "이 말씀은 사물을 있는 그대로 보라는 뜻이다."라는 문장 없이는 이해하기 어려워한다.

그렇다면 뒷받침 문장 없이 한 문장만 읽고 거기서 한 문장을 제대로 읽을 수는 없을까? 그런 생각이 들 것이다. 하지만 아직 그런 방법은 없다. 왜냐하면 그렇게 되기 위해서는 뒷받침 문장의 내용을 미리 알아야 하는데, 뒷받침 문장을 미리 알 수 있는 방법은 없기 때문이다.

소설은 그렇게 시작했다.

이것이 두 단락입니다. 앞 장에서 한 단락 읽기를 이야기 하다가 두 단락도 잠깐 나왔었지요. 그런데 두 번째 단락은 예를 들기 위해 만든 것이고, 보통은 이보다 훨씬 깁니다. 단락이 된다는 것은 본래 그렇습니다. 우주나 인생 이야기가 개그보다 더 할 이야기가 많은 것처럼 말입니다. 하지만 편의상 조금만 더 만들고, 설명해 보겠습니다.

"산은 산이요, 물은 물이로다." 이 말씀은 사물을 있는 그대로 보라는 뜻이다. 그런데 사람들은 "산은 산이요, 물은 물이로다."라는 문장의 뜻을 뒤에 있는 "이 말씀은 사물을 있는 그대로 보라는 뜻이다."라는 문장 없이는 이해하기 어려워한다.

　　그렇다면 뒷받침 문장 없이 한 문장만 읽고 거기서 한 문장을 제대로 읽을 수는 없을까? 그런 생각이 들 것이다. 하지만 아직 그런 방법은 없다. 왜냐하면 그렇게 되기 위해서는 뒷받침 문장의 내용을 미리 알아야 하는데, 뒷받침 문장을 미리 알 수 있는 방법은 없기 때문이다.

　　소설은 그렇게 시작했다. 소설치곤 좀 딱딱한 시작이었다. 하지만 나는 바로 사야겠다는 생각이 들었다. 평생 동안 고민했던 내용이 아닌가. 설마 해결책이 나올 리야 있겠냐 싶긴 했지만 그 주변 이야기만 들어도 돈이 아깝지 않겠다 싶었던 것이다.

　　어떻습니까? 앞 단락의 내용과 확연히 다르지요? 이렇게 확연히 다른 두 내용으로 두 단락이 이루어집니다. 하지만 그렇다고 전혀 다른 얘기는 아닙니다. 자전거의 핸들 부분을 얘기하다가 체인 부분으로 화제가 넘어갔다고 해서 자동차와 관련된 이야기를 하는 게 아닌 것처럼, 전체 이야기인 글 한 편에서 확연히 다른 두 부분에 대한 이야기가 두 단락인 것입니다.

　　이제 본격적으로 두 단락 읽기 이야기입니다. 앞 장에서 한 단락 읽기는 결국 한 문장 읽기로 귀결된다고 했습니다. 그러므로 두 단락은, 두 문단에서처럼 각 단락이 한 문장으로 귀결됩니다. 그리고 나면 두 문장만 남지요, 그러면 두 문장 읽기만 남습니다. 그리고 결국 두 문장도 한 문장 읽기로 귀결됩니다. 결국 두 단락 읽기도 한 문장 읽기인 셈입니다.

　　두 문장 이야기나 두 문단 이야기에서 충분히 말씀 드렸으니 이번 장에서는 바로 두 단락의 유형으로 넘어가겠습니다.

가. 중심 단락 ; 뒷받침 단락

　　두 문장 읽기, 두 문단 읽기에서 문장과 문단이 단락으로 바뀐 것 말고는 달라진 게 없습니다. 두 문장에서처럼 앞의 중심 단락이 뒤의 뒷받침 단락으로 내용이 확 달라지는 경우는 드물지만, 뒷받침 단락의 관점에서 더 세밀한 부분의 변화는 있을 수 있습니다. 그러나 단락 정도의 큰 덩어리를 다시 큰 덩어리로 설명할 일은 생각보다 많지 않을 것입니다. 그렇게 되려면 앞의 중심 단락이 이해하기 힘든 부분이 있어야 하는데, 만약 이해하기 힘든 부분이 있다면 그것은 중심 단락의 서술에 실패한 것이기 때문입니다. 한 단락 정도면 충분히 설명이 되었어야 하기 때문입니다. 하여간 이런 유형이 있을 수는 있습니다.

나. 중심 단락 ㄴ중심 단락

아마도 두 단락의 관계는 대부분 이 유형에 속하지 않을까 싶습니다. 예를 들어,

이번 사건은 이런 것이다.
그런데 이 사건에서 새로운 사실이 발견되었다.
그래서 새로 조사하게 되었다.
그 결과 진실이 밝혀졌다.

이런 이야기가 있다고 하면, "이번 사건은 이런 것이다."라는 단락이 끝난 뒤 다음 단락인 "그런데 이 사건에서 새로운 사실이 발견되었다."라는 단락으로 하고 싶은 말이 이동하는 유형입니다. 여기서 하고 싶은 말은 마지막 단락이 될 것이고요. 위 두 단락의 예문도 여기에 해당합니다. 소설이 있다. 이 소설은 어쩌구 저쩌구. 이렇게 중심 단락이 이동하는 유형입니다.

다. 중심 문장 : 중심 문장

이 유형은 좀 복잡한 대상을 설명할 때 많을 듯합니다. 전체를 설명하는데, 그 부분들이 모두 중요한 구성 요소라서 모두 대등한 관계이기 때문입니다. 또 다시 자전거를 예로 들면, 핸들 부분을 다 설명하고 나면 이제 안장 부분으로 설명을 이어가야 하기 때문입니다. 안장 부분의 이야기가 다 끝나면 체인 부분으로 설명을 이어갈 것이고요.

두 단락 읽기는 벌써 설명을 마칠 때가 되었습니다. 한마디로 하면 두 문장 읽기인 셈입니다. 이제야 말씀드리지만 글은 매우 복잡하지만, 사실 그 구조는 이렇게 간단합니다. 단순한 구조 속에 무한한 자유로움이 있을 수 있다는 것에 감탄하지 않을 수 없습니다. 그렇지만 그것은 어디까지나 이론입니다. 이론상 그렇다는 것이지요. 직선이 이론상으로만 가능한 것처럼 말입니다. 실제 세계의 울퉁불퉁한 직선처럼 실제 세계의 글들은 이렇게 깔끔하지 않습니다. 그렇다면 불완전한 인간이 아닐 테니까요.

두 단락도 두 단락이 된 사연이 있겠지요. 어느 한 문장 때문일 수도 있습니다. 예를 들어, "인생은 짧고 예술은 길다." 같은 문장을 이해할 수 있도록 설명하려면 한두 문장, 한두 문단으로는 어려울 수 있습니다. 그래서 두 단락이 된 것입니다. 멋있게 보이려고 두 단락이 된 것이 아니라 필요 때문에 두 단락이 된 것입니다.

POINT

두 단락도 정보를 전합니다.

01 다음은 앞에서 본 여러 그림입니다. 여섯 그림 가운데에서 가장 중요한 것이 무엇이라고 생각하는지 고르고 그 이유를 적어 보세요.

이제 그림이 많아져 점점 선택하기 곤란해질 수 있습니다. 어찌 보면, 글이라는 것이 정도의 차이는 있을지언정 뜻은 큰 차이가 없는 경우도 많기 때문입니다. 하지만 그 작은 차이 때문에 그렇게 고심해서 글을 쓴다는 사실, 잊지 마세요.

02 다음 일곱 문단으로 된 두 단락을 읽고 아래 질문에 답하시오.

A 봄이라면, 우선 그 추운 겨울을 이겨 낸 계절이라서 좋습니다. 그깟 겨울이라고 할 수도 있지만, 실제로 차디찬 겨울을 지내노라면 '이 춥고 힘든 날들을 어떻게 견딜 수 있을까.' 그런 생각이 절로 납니다. 그렇게 지쳐갈 때 봄이 오는 소식은 살아갈 수 있는 힘을 주기 때문입니다.

B 그런 봄이 짧아졌습니다. 보통 3월부터 5월 말까지 세 달은 봄이었지만, 지금은 4월에 눈이 오는 등 4월까지 겨울이 이어지고 5월 말부터 여름이 시작되어, 실제로 봄은 한 달 보름 내지 한 달 정도로 짧아졌습니다. 하여간 그래서 마음 한편에 희망도 짧아진 느낌입니다.

C 그렇게 우울했다가 이런 생각에 희망을 다시 찾은 느낌입니다. 무분별한 자원의 사용 등으로 지구 온난화를 만들어 결국 그것이 봄을 짧게 한 것처럼, 이번엔 반대로 자원 낭비를 줄여 다시 봄을 늘리자고요. 그래서 희망도 다시 늘리자고요.

D 물론 뜨거운 여름도 나름대로 매력이 넘칩니다. 요즘처럼 푹푹 찌는 여름이라면 싫어하는 사람이 더 많겠지만, 이 정도의 더위만 아니라면 여름을 좋아하는 사람이 겨울을 좋아하는 사람보다 더 많을 정도로 여름은 매력이 있습니다.

E 하지만 그렇게 매력 있는 여름도 너무 길어지면 매력이 반감합니다. 보통 여름은 5월 말에 시작해서 8월 말까지 이어집니다. 그러던 것이 요즘은 5월 초에 시작해서 10월까지 이어지며 약 다섯 달 가까이 지속되니, 이건 여름에 질리지 않는 사람이 없을 정도입니다.

F 하지만 역시, 봄이 짧아진 것이 봄의 탓이 아닌 것처럼 여름이 길어진 것도 여름의 탓이 아닙니다. 엄밀하게 따지자면 우리, 사람들의 탓이지요. 그러니 여름 탓을 할 일은 아닙니다.

G 여름이 길어졌다고 불평하지 말고, 여름이 다시 제자리로 돌아갈 수 있도록 해야겠지요. 여름이 길어진 이유도 결국 봄이 짧아진 원인과 마찬가지로 지구 온난화 때문이니 지구 온난화를 막아야 할 것입니다. 화석 연료 대신 친환경 에너지를 사용하는 일이 한 예가 될 것입니다. 그렇게 해서 여름만이 가진 매력을 다시 살려 봅시다.

1   A문단을 한 문장으로 정리한다면?

> 두 단락이 되었다고 갑자기 읽는 방법이 달라지지 않겠죠? 한 문장 읽기부터 하시면 되고요, 달라진 점이 있다면, 두 단락이 어디서 구분되는지 신경 써야 할 부분입니다. 친절하게 구분해 준 글을 보면, 글쓴이에게 감사하고요.

2   B문단을 한 문장으로 정리한다면?

3   지금까지 A, B 문단 중에서 하고 싶은 말은?

> 두 단락에서 단락의 구분은 앞서 말씀드린 대로 봄, 여름, 가을, 겨울처럼 확연히 달라지는 내용입니다. 하지만 보통 글에서 그렇게 쉽게 구분되지 않기 때문에 한 문장 읽기부터 차근차근 잘 해서 의미를 놓치지 않도록 주의해야 합니다.

4   C문단을 한 문장으로 정리한다면?

 시간을 버리는 읽기, 시간을 버는 읽기

5 지금까지 A, B, C 문단 중에서 하고 싶은 말은?

단락의 구분이 잘 되었다면 나머지 절차는 익숙한 것만 남습니다. 각 단락을 한 문장으로 읽기 위해서 각 문단을 한 문장으로 읽어야 하지요. 또 그렇게 읽은 한 문장들의 관계를 파악해서 다시 한 문장으로 읽으면 됩니다.

6 D문단을 한 문장으로 정리한다면?

7 지금까지 A, B, C, D 문단 중에서 하고 싶은 말은?

일반적으로 글을 읽을 때 단락을 나누어 읽겠다는 사람을 본 적이 있나요? 처음엔 그저 읽지요, 그렇게 읽다가 확연히 구분되는 지점을 지나면서 단락을 알게 되지요. 그리고 그렇게 발견하고도 특별히 구분해야겠다고 생각하지 않습니다.

8 E문단을 한 문장으로 정리한다면?

⑨　지금까지 A, B, C, D, E 문단 중에서 하고 싶은 말은?

그런데 그렇게 하면 단락으로 구분되는 내용을 분리하지 못하기 때문에 단락 구분 없이 앞의 단락과 함께 통으로 이해하게 됩니다. 그러면 혼란스럽게 됩니다. 그럴까 싶겠지만, 실제로 그렇게 될 가능성이 매우 높습니다.

⑩　F문단을 한 문장으로 정리한다면?

⑪　지금까지 A, B, C, D, E, F 문단 중에서 하고 싶은 말은?

예를 들어, 두 문장 읽기에서 두 문장을 구분하지 못하면 어떤 일이 일어날까요? 아마도 기차에서 창밖을 바라보는 현상과 비슷한 상황이 벌어질 것입니다. 두 문장의 관계를 통해서 하고 싶은 말을 이해해야 하는데, 그 일을 할 수 없게 됩니다.

⑫　G이 문단을 한 문장으로 정리한다면?

13 지금까지 A, B, C, D, E, F, G 문단 중에서 하고 싶은 말은?

14 이 글에 단락이 있는지? 단락 구분의 기준은?

그러면 당연하게도 글의 뜻을 이해하기 어렵게 됩니다. 그저 차창 밖으로 풍경을 바라볼 뿐이지요. 그리고 저건 논이고, 저건 산이고, 저건 자동차고…… 아, 그런 것들이 있구나. 그렇게 풍경 밖에 있게 됩니다. 그래서 단락의 구분은 중요합니다.

두 단락이 하나의 정보만을 전달한다? 실제로 그게 맞습니다.

POINT

한 문장은 하나의 정보를 전달합니다.
두 문장은 하나의 정보를 전달합니다.
한 문단은 하나의 정보를 전달합니다.
두 문단은 하나의 정보를 전달합니다.
한 단락은 하나의 정보를 전달합니다.
두 단락도 하나의 정보를 전달합니다.

03 다음 두 단락을 읽고 아래 질문에 답하시오.

A   가을은, 무엇보다도 그 결실 때문에 좋습니다. 들판엔 벼가 익어가고, 산엔 나무마다 열매들이 주렁주렁 걸려 있지요. 언제 보아도 그 결실은 신기할 따름입니다. 어떻게 저걸 키워 냈는지, 그 힘이 신기하지요.

B   그런 가을이 짧아졌습니다. 보통 9월부터 11월 말까지 세 달은 가을이었지만, 지금은 여름이 10월까지 가고 12월부터 겨울이 시작되어, 실제로 가을은 한 달 보름 내지 한 달 정도로 짧아졌습니다. 하여간 그래서 마음 한편에 풍성함도 짧아진 느낌입니다.

C   짧아진 가을은 우리에게 풍성함도 짧게 주고 떠납니다. 그래서 아쉽습니다. 풍성함을 만끽하지 못하는 가을이 되었으니까요. 하지만 우리는 그것이 우리 탓임을 잘 압니다. 바로 우리가 그렇게 만들었으니까요. 이제 가을을 다시 제자리에 앉혀야 하겠습니다.

D   그런데 사실, 가을의 풍성함을 맘껏 느낄 수 있도록 제자리로 돌려놓겠다는 것 또한 거만하기 짝이 없는 생각입니다. 가을을 짧게 만든 것도 있어서는 안 될 일이었지만 짧아진 가을을 다시 길게 한다는 생각은 마치 신이라도 된 듯 모든 것을 다 할 수 있다는 오만함의 극치를 보여 줍니다.

E   물론 짧아진 가을을 제자리로 돌려놓기 위한 노력은 해야 합니다. 하지만 노력을 하는 것과 마음만 먹으면 어떤 일도 할 수 있다는 생각은 다릅니다.

---

1   A문단의 주제 문장은?

....

....

    ✐ 일단 한 문장 읽기 등 과정에 충실하세요.

2⃣ B문단의 주제 문장은? 앞 문단과의 관계는?

> 문단이 끝나면 문단의 주제 정도는 표시하면 좋겠지요?

3⃣ C문단의 주제 문장은? 앞 문단과의 관계는?

> 세 문단 정도 되니 슬슬 단락 구분도 생각해 보아야 겠네요, 그렇다고 새로운 단락
> 이 언제 나오는지만 신경 쓰는 것은 아닙니다.

4⃣ D문단의 주제 문장은? 앞 문단과의 관계는?

> 그렇다고 새로운 단락이 언제 나오는지만 신경 쓰는 것은 아닙니다.

5⃣ E문단의 주제 문장은? 앞 문단과의 관계는? 단락은 있는지? 두 단락의 관계
는? 두 단락 글의 주제는?

> 그저 읽다가 내용이 확연히 달라지면 그때를 위해 준비만 하면 됩니다.

 다음 두 단락을 읽고 아래 질문에 답하시오.

A 가을은, 무엇보다도 그 결실 때문에 좋습니다. 들판엔 벼가 익어가고, 산엔 나무마다 열매들이 주렁주렁 걸려 있지요. 언제 보아도 그 결실은 신기할 따름입니다. 어떻게 저걸 키워 냈는지, 그 힘이 신기하지요.

B 그런 가을이 짧아졌습니다. 보통 9월부터 11월 말까지 세 달은 가을이었지만, 지금은 여름이 10월까지 가고 12월부터 겨울이 시작되어, 실제로 가을은 한 달 보름 내지 한 달 정도로 짧아졌습니다. 하여간 그래서 마음 한편에 풍성함도 짧아진 느낌입니다.

C 짧아진 가을은 우리에게 풍성함도 짧게 주고 떠납니다. 그래서 아쉽습니다. 풍성함을 만끽하지 못하는 가을이 되었으니까요. 하지만 우리는 그것이 우리 탓임을 잘 압니다. 바로 우리가 그렇게 만들었으니까요. 이제 가을을 다시 제자리에 앉혀야 하겠습니다.

D 풍성함을 주고 싶어도 못 주는 짧아진 가을에게 우리가 할 수 있는 일은 어쩌면 그렇게 어려운 일이 아닐 수 있습니다. 왜냐하면 우리가 조금만 불편해지면 되기 때문입니다. 하지만 그 불편함도 진짜 불편이 아닙니다. 어쩌면 오히려 좋은 것일 수 있습니다.

E 예를 들어, 짧은 거리는 차를 이용하지 않고 걷는 것입니다. 걷은 일은 어찌보면 차를 타는 일보다 불편한 일일 수 있습니다. 하지만 걷기는 기름을 아낄 뿐만 아니라 우리에겐 건강을 선물하기 때문입니다.

---

1 A문단의 주제 문장은?

✎ 단락이 구분되면 이제 앞 단락의 주제문을 떠올려야 합니다.

2 B문단의 주제 문장은? 앞 문단과의 관계는?

✎ 앞 단락의 주제문을 염두에 두고, 그 주제가 어떻게 흘러가는지 살펴보세요.

3 C문단의 주제 문장은? 앞 문단과의 관계는?

✎ 그러다 또 한 번 확연하게 달라지는 부분, 즉 단락에 들어가면 이제 이번 단락의 주제문도 확인해야겠지요.

4 D문단의 주제 문장은? 앞 문단과의 관계는?

✎ 확연히 달라지는 부분이 그 글의 끝일 수도 있습니다. 그러나 해야 할 일이 달라지는 건 아니지요.

5 E문단의 주제 문장은? 앞 문단과의 관계는? 단락은 있는지? 두 단락의 관계는? 두 단락 글의 주제는?

✎ 사실 그렇게 다 읽었으면, 글에서 하고 싶은 말을 한 문장으로 읽어야 합니다. 물론 좀 어렵지만요.

05 다음 두 단락을 읽고 아래 질문에 답하시오.

A   가을은 무엇보다도 그 결실 때문에 좋습니다. 들판엔 벼가 익어가고, 산엔 나무마다 열매들이 주렁주렁 걸려 있지요. 언제 보아도 그 결실은 신기할 따름입니다. 어떻게 저걸 키워 냈는지, 그 힘이 신기하지요.

B   그런 가을이 짧아졌습니다. 보통 9월부터 11월 말까지 세 달은 가을이었지만, 지금은 여름이 10월까지 가고 12월부터 겨울이 시작되어, 실제로 가을은 한 달 보름 내지 한 달 정도로 짧아졌습니다. 하여간 그래서 마음 한 편에 풍성함도 짧아진 느낌입니다.

C   짧아진 가을은 우리에게 풍성함도 짧게 주고 떠납니다. 그래서 아쉽습니다. 풍성함을 만끽하지 못하는 가을이 되었으니까요. 하지만 우리는 그것이 우리 탓임을 잘 압니다. 바로 우리가 그렇게 만들었으니까요. 이제 가을을 다시 제자리에 앉혀야 하겠습니다.

D   겨울도 그렇습니다. 겨울의 매력도 한두 가지가 아닙니다. 그중에서 하나만 꼽자면, 역시 새하얀 눈입니다. 눈은 우리에게 새하얀 마음, 순수함과 동심 등 깨끗한 마음이 들게 합니다.

E   그런데 이 겨울도 12월까지는 따뜻한 겨울이 되어 눈을 내려 주지 않고 1월이나 되어야 눈 구경을 할 수 있는데, 그나마 1월도 따뜻한 날이 많아 눈 보기가 힘들게 되었습니다. 추운 겨울이어야 마땅한데 따뜻한 겨울이라니요. 이제 겨울도 추운 겨울이라는 제자리로 돌려놓아야 하겠습니다.

1   A문단의 요지는?

　　가을이 좋다? 정보 대상은 무엇일까요?

2   B문단의 요지는? 현재까지 주제문은?

✎ 가을이 짧아진 것과 가을이 어떻게 짧아졌는지를 알리는 상세한 정보를 담은 문장
중에서 어느 문장이 더 중요할까?

3   C문단의 요지는? 현재까지 주제문은?

✎ 이 문단의 주제처럼 주제는 '~한다.'는 모양이기도 합니다. 물론 세 가지 모양 다 가
능하겠지요.

4   D문단의 요지는? 현재까지 주제문은?

✎ 두 문장의 관계가 밀접하지 못하고 간격 차이가 많이 난다면, 사실 두 문장의 관계
를 파악하기 어렵습니다. 하지만 그럴수록 원칙에 충실할 필요가 있습니다. 폭이 더
넓은 뜻을 가진 문장이 결국 중심 문장이 될 수밖에 없습니다.

5   E문단의 요지는? 현재까지 주제문은?

✎ 아무리 길어도 중심 문장이 아니라면 부수적인 정보일 뿐이겠죠?

두 단락의 관계를 수식으로 표현해 보고 싶은 장난기가 발동하네요. 단락=문장, 두 단락=두 문장, 그런데 두 문장의 관계는 모두 세 가지다. 그러므로 두 단락의 관계=두 문장의 관계.

두 단락엔 두 개의 큰 부분이 있겠지요. 그리고 그 큰 부분 안에 작은 부분인 문단들이 여러 개 있을 것이고요, 그걸 문장부터 시작해서 문단, 단락까지 읽어야겠지요. 결국 두 문장 읽기고요.

 다음 두 단락을 읽고 아래 질문에 답하시오.

A 같은 주제를 다룬 두 개의 글이 있습니다. 그렇다면 두 글 중의 어느 하나는 다른 글보다 조금이라도 더 이해가 쉬울 수 있습니다. 물론 같을 수도 있겠지만, 제가 하고 싶은 이야기는 같은 주제를 다룬 글이라도 좀 더 쉬운 글이 있다는 것입니다.

B 그렇게 두 글 중에서 어느 글이 다른 글보다 이해가 쉽다면, 그 이유가 있어야 할 것입니다. 그래야 설명이 될 테니까요. 혹 '이유'를 어렵게 생각하실 분이 있을까 해서 덧붙이자면, 분명히 쉬운 글이 된 원인이 있을 것이라는 겁니다. 예를 들어, 낱말이 쉬웠다든가 하는 이유 말입니다.

C 그 이유를 여러 가지 들 수 있겠지만, 가장 일반적인 이유부터 살펴보면 앞에서도 말씀드렸듯이 전문 용어가 아닌 일상의 용어를 사용한 이유가 있을 것입니다. 다음은, 어려운 것을 우리가 매일 접하는 것에 비유하여 잘 설명하는 경우도 있을 것입니다. 그 밖에도 다른 이유는 많을 것입니다.

D 그리고 쉬운 글이 이유가 있는 것처럼, 이해하기 어려운 글도 그 이유가 있을 것입니다. 구체적으로 예를 들자면, 쉬운 글이 전문 용어가 아닌 일상의 용어를 사용한 것과는 반대로 일상의 용어가 아닌 전문 용어를 사용한 글이 있겠지요.

E 좀 더 나은 문자 생활을 위해서 쉬운 글과 어려운 글은 왜 어렵고 쉬운지, 그 이유를 잘 찾아 장점은 살리고 단점은 개선해야겠지요. 그러나 그보다 더 중요한 문제가 있습니다. 그것은 글의 양식입니다. 그러니까 현재 줄글 중심의 글의 양식 자체가 어렵기 때문입니다.

F 글의 양식이 문제라는 말씀에 대해 앞으로 자세히 설명할 예정입니다만, 우선 여기서는 '글의 양식'에 대한 이야기부터 하겠습니다.

G 글이 오늘의 모습을 하게 된 과정은 크게 문자를 발명하여 띄어쓰기 없이 사용하던 때와, 이후 띄어쓰기를 하게 된 시기로 나누어 볼 수 있습니다. 띄어쓰기의 사용 전후는 문자를 기록할 매체, 즉 종이의 발명 전후로 나누어진 것으로 볼 수 있습니다.

H 종이가 발명되면서 그전의 죽간이나 양피지보다 쉽게 종이라는 기록 매체를 구할 수 있게 되었습니다. 또한 가격도 훨씬 저렴해졌습니다. 그래서 기록 공간의 부족 때문에 낱말을 붙여 썼던 이전의 방식을 버리고 띄어쓰기를 하게 되었습니다.

I   종이의 발명은 띄어쓰기만을 바꾼 것이 아니라 글을 읽는 방법도 바꾸었습니다. 본래 책은 기록 매체가 귀했던 때엔 한 사람이 읽고 다른 사람들은 듣는 형태로 읽었습니다. 이때의 읽기 모형이 남아 있는데, 그것은 현재 아나운서가 뉴스를 전하는 모습입니다. 하여간 그러던 읽기는 책의 보급으로 혼자서 소리를 내지 않고 읽는 묵독의 형태로 변했습니다. 거의 현재의 모습과 같다고 할 수 있습니다.

J   이제 그 읽기가 다시 한 번 변화를 앞두고 있습니다. 바로 또 한 번 매체가 변했기 때문입니다. 앞으로 책은 종이보다 전자책 형태가 될 게 분명합니다. 물론 종이책도 남아 있을 수 있겠지요. 하지만 분명히 전자책 형태가 주류가 될 것입니다.

K   그때가 되면, 읽는 방식도 다시 한 번 바뀔 것입니다. 매체가 달라졌으니 그에 따른 효과적인 읽기 방법을 찾아야 할 것이기 때문입니다. 그 읽기 방법의 변화를 예상해 본다면, 전자책의 값싼 발행 비용으로 책이 흔해져, 예전처럼 그저 책이라서 모두 가치 있는 것이 아니기 때문에 독자는 중요한 부분만 찾아서 읽을 것으로 보입니다.

L   그러면 어떤 내용이 어디에 있는지, 어떤 논리로 글이 전개되는지 등 글에 정보를 표시하는 것이 필요해집니다. 검색을 위한 것입니다. 현재 키워드 중심의 검색이 큰 불편이 없지만 역시 불편함은 있습니다. 그것은 검색 후에 다시 내용을 읽어야 한다는 것입니다. 그런 불편까지 해소할 글이 필요할 수도 있다는 것입니다. 그래서 현재 줄글 양식의 변화가 필요한 것입니다.

1   A문단의 중심 내용은?

✎ 정말 좀 더 이해하기 쉬운 글이 있을까요? 있다면 그 이유는 무엇일까요? 글을 쓴다면 꼭 실천해야 할 부분이겠지요?

2 B문단의 중심 내용은? 현재까지 하고 싶은 말은?

덧붙이는 부분은 어떤 문장에 해당할까요? 중심 문장일까요? 뒷받침 문장일까요? 앞의 문장에 따라 달라질까요?

3 C문단의 중심 내용은? 현재까지 하고 싶은 말은?

'다음은~', '그 밖에도' 등은 앞의 문장과 어떤 관계에 있을까요?

4 D문단의 중심 내용은? 현재까지 하고 싶은 말은?

'예를 들면~'이 중심 문장이 될 가능성은 없을까요? '~ 때문이다.'도 중심 문장이 될 가능성은 없을까요?

5 E문단의 중심 내용은? 현재까지 하고 싶은 말은?

"그보다 더 중요한 문제가 있습니다"처럼 자신은 구체적인 정보를 담지 않고, "그 것은 글의 양식이다."처럼 실제 정보를 다른 문장에 담은 문장은 어떤 문장으로 보아야 할까요? 중심 문장으로 보기도 어렵고, 뒷받침 문장으로 보기에도 어렵습니다. 그래서 그런 문장은 그저 안내 문장 정도로 보면 어떨까요?

6 F문단의 중심 내용은? 현재까지 하고 싶은 말은?

✎ 이 문단에도 있네요. '~에 대해 ~하려고 합니다.' 이런 문장은 분명 구체적인 정보를 담고 있지 않습니다.

7 G문단의 중심 내용은? 현재까지 하고 싶은 말은?

✎ '즉'은 두 문장의 어떤 관계를 표현할까요?

8 H문단의 중심 내용은? 현재까지 하고 싶은 말은?

✎ 종이 이야기가 시작됩니다. 그런데 이 문단부터 시작한 것일까요?

9 I 문단의 중심 내용은 ? 현재까지 하고 싶은 말은?

✎ 종이 이야기가 읽기 이야기로 방향을 틀었습니다. 글이 어떻게 전개되는 것인가요?

10   J 문단의 중심 내용은? 현재까지 하고 싶은 말은?

이번엔 전자책입니다. 왜 전자책 이야기가 나온 것일까요?

11   K 문단의 중심 내용은? 현재까지 하고 싶은 말은?

이번엔 구체적인 읽기 방법입니다. 읽기 방법 이야기는 왜 나온 것일까요?

12   L 문단의 중심 내용은? 현재까지 하고 싶은 말은?

글이 모두 끝났습니다. 단락을 먼저 생각해야 합니다. 글을 크게 몇 부분으로 나눌 수 있습니까? 그 근거는 무엇일까요?

　두 단락 읽기부터는 다소 조심스러운 부분이 있습니다. 두 단락 읽기는 두 편의 짧은 글을 읽는 일에 가깝기 때문입니다. 물론 두 편의 짧은 글을 읽는 일이 어려운 일은 아닙니다. 하지만 그 글 두 편이 이어지게 되면 복잡함을 만듭니다. 이미 완성된 한 편의 글에 또 다른 한 편의 글이 이어지기 때문입니다. 즉, 이미 끝난 이야기에 무언가를 덧붙어야 하는 불편함입니다.

　그 불편함은 글의 분량이 원인일 때가 많습니다. 아무리 좋은 내용도 지나치게 짧으면 읽는 이는 글을 이해하는 데 부족함을 느낍니다. 물론 글쓴이는 충분히 이해할 수 있는 쉬운 내용이어서 짧게 썼다고 할 수 있습니다. 그러나 읽는 이의 입장에서는 아무리 쉬운 내용도 낯설기 때문에 읽으면서 생각할 수 있는 시간을 갖는 것이 좋습니다. 그래서 적절한 양이 필요합니다. 그런데 한 단락에서 충분하게 쓰지 못한 채 또 다른 이야기로 넘어가서 분량을 늘이고 싶은 욕구에 사로잡힐 수 있습니다.

　그렇게 해서 두 단락이 되면 이미 앞 단락에서 이야기는 마쳤는데 뒤에 또 비슷하지만 다른 이야기가 나오기 때문에, 읽는 이는 글쓴이가 하고 싶은 말이 무엇인지 혼란스러울 수가 있습니다. 이것이 두 단락 읽기에서 조심스러운 부분입니다. 물론 두 단락이 모두 전체의 두 부분을 각각 한 부분씩 완성된 형태로 이야기한다면, 이런 읽기의 조심스러움이 없어질 것입니다.

　그렇게 전체의 두 부분을 담은 두 단락이라면, 두 단락 읽기는 결국 두 문장 읽기로 축소됩니다. 두 단락에서 각기 하고 싶은 말은 한 문장이기 때문입니다. 즉, 첫 번째 단락에서 하고 싶은 말을 읽고, 두 번째 단락에서 하고 싶은 말을 읽으면, 곧 두 문장 읽기가 되는 것입니다.

　참고로, 요즘은 글을 핵심만 짧게 쓰는 경향이 있어서 서론, 본론, 결론 또는 머리말, 본문, 맺음말과 같은 3단락 구성 중에서 서론을 생략하기도 합니다. 그래서 두 단락으로 된 짧은 글을 종종 볼 수 있습니다.

　마지막으로, 두 단락 읽기에서 주의할 점은 역시 두 단락의 구분입니다. 단락 구분이 잘못되면 단락의 주제문도 달라지고, 그러면 글 전체에서 하고 싶은 말도 잘못 파악할 수 있기 때문입니다.

두 단락 읽기를 간단히 정리하면 다음과 같습니다.

---

1. 두 단락은 정보를 담고 있다.

2. 두 단락은 두 문장 읽기의 최대 확장판이다.

3. 두 단락의 유형은 두 문장 읽기와 같다. '중심 문장 ; 뒷받침 문장, 중심 문장 └중심 문장, 중심 문장 : 중심 문장' 등 세 가지로 나타난다.

4. 두 단락의 유형에 따라 각각 하고 싶은 말이 다르다. '중심 문장 ; 뒷받침 문장' 유형은 앞의 중심 문장에 하고 싶은 말이 있고, '중심 문장 └중심 문장' 유형은 뒤의 중심 문장에 하고 싶은 말이 있으며, '중심 문장 : 중심 문장' 유형은 중심 문장 두 개 모두 하고 싶은 말이다.

5. 두 단락 읽기는 두 개의 각 단락을 한 문장으로 읽는 한 단락 읽기와, 각 단락 속의 문단을 각각 한 문장으로 읽는 한 문단 읽기와, 각 문단의 한 문장을 읽는 두 문장 읽기를 통해 결국 하고 싶은 말 한 문장을 파악하는 과정이다. 두 단락 읽기 역시 단락 구분에 주의해야 한다.

봄이라면, 우선 그 추운 겨울을 이겨 낸 계절이라서 좋습니다.	그깟 겨울이라고 할 수도 있지만, 실제로 차디찬 겨울을 지내노라면 '이 춥고 힘든 날들을 어떻게 견딜 수 있을까.' 그런 생각이 절로 납니다. 그렇게 지쳐갈 때 봄이 오는 소식은 살아갈 수 있는 힘을 주기 때문입니다.
└ 그런 봄이 짧아졌습니다.	보통 3월부터 5월 말까지 세 달은 봄이었지만, 지금은 4월에 눈이 오는 등 4월까지 겨울이 이어지고 5월 말부터 여름이 시작되어, 실제로 봄은 한 달 보름 내지 한 달 정도로 짧아졌습니다.
└ 하여간 그래서 마음 한편에 희망도 짧아진 느낌입니다.	
└ 그렇게 우울했다가 이런 생각에 희망을 다시 찾은 느낌입니다.	무분별한 자원의 사용 등으로 지구 온난화를 만들어 결국 그것이 봄을 짧게 한 것처럼, 이번엔 반대로 자원 낭비를 줄여 다시 봄을 늘리자고요.
└ 그래서 희망도 다시 늘리자고요.	
: 물론 뜨거운 여름도 나름대로 매력이 넘칩니다.	요즘처럼 푹푹 찌는 여름이라면 싫어하는 사람이 더 많겠지만, 이 정도의 더위만 아니라면 여름을 좋아하는 사람이 겨울을 좋아하는 사람보다 더 많을 정도로 여름은 매력이 있습니다.
└ 하지만 그렇게 매력 있는 여름도 너무 길어지면 매력이 반감합니다.	보통 여름은 5월 말에 시작해서 8월 말까지 이어집니다. 그러던 것이 요즘은 5월 초에 시작해서 10월까지 이어지며 약 다섯 달 가까이 지속되니, 이건 여름에 질리지 않는 사람이 없을 정도입니다.
└ 하지만 역시, 봄이 짧아진 것이 봄의 탓이 아닌 것처럼 여름이 길어진 것도 여름의 탓이 아닙니다.	엄밀하게 따지자면 우리, 사람들의 탓이지요. 그러니 여름 탓을 할 일은 아닙니다.

「여름이 길어졌다고 불평하지 말고, 여름이 다시 제자리로 돌아갈 수 있도록 해야겠지요. 여름이 길어진 이유도 결국 봄이 짧아진 원인과 마찬가지로 지구 온난화 때문이니 지구 온난화를 막아야 할 것입니다. 화석 연료 대신 친환경 에너지를 사용하는 일이 한 예가 될 것입니다. 그렇게 해서 여름만이 가진 매력을 다시 살려 봅시다.

봄이라면, 우선 그 추운 겨울을 이겨 낸 계절이라서 좋습니다. 그깟 겨울이라고 할 수도 있지만, 실제로 차디찬 겨울을 지내노라면 '이 춥고 힘든 날들을 어떻게 견딜 수 있을까.' 그런 생각이 절로 납니다. 그렇게 지쳐갈 때 봄이 오는 소식은 살아갈 수 있는 힘을 주기 때문입니다.

그런 봄이 짧아졌습니다. 보통 3월부터 5월 말까지 세 달은 봄이었지만, 지금은 4월에 눈이 오는 등 4월까지 겨울이 이어지고 5월 말부터 여름이 시작되어, 실제로 봄은 한 달 보름 내지 한 달 정도로 짧아졌습니다. 하여간 그래서 마음 한편에 희망도 짧아진 느낌입니다.

그렇게 우울했다가 이런 생각에 희망을 다시 찾은 느낌입니다. 무분별한 자원의 사용 등으로 지구 온난화를 만들이 결국 그것이 봄을 짧게 한 것처럼, 이번엔 반대로 자원 낭비를 줄여 다시 봄을 늘리자고요. 그래서 희망도 다시 늘리자고요.

물론 뜨거운 여름도 나름대로 매력이 넘칩니다. 요즘처럼 푹푹 찌는 여름이라면 싫어하는 사람이 더 많겠지만, 이 정도의 더위만 아니라면 여름을 좋아하는 사람이 겨울을 좋아하는 사람보다 더 많을 정도로 여름은 매력이 있습니다.

하지만 그렇게 매력 있는 여름도 너무 길어지면 매력이 반감합니다. 보통 여름은 5월 말에 시작해서 8월 말까지 이어집니다. 그러던 것이 요즘은 5월 초에 시작해서 10월까지 이어지며 약 다섯 달 가까이 지속되니, 이건 여름에 질리지 않는 사람이 없을 정도입니다.

하지만 역시, 봄이 짧아진 것이 봄의 탓이 아닌 것처럼 여름이 길어진 것도 여름의 탓이 아닙니다. 엄밀하게 따지자면 우리, 사람들의 탓이지요. 그러니 여름 탓을 할 일은 아닙니다.

여름이 길어졌다고 불평하지 말고, 여름이 다시 제자리로 돌아갈 수 있도록 해야겠지요. 여름이 길어진 이유도 결국 봄이 짧아진 원인과 같은 지구 온난화 때문이니 지구 온난화를 막아야 할 것입니다. 화석 연료 대신 친환경 에너지를 사용하는 일이 한 예가 될 것입니다. 그렇게 해서 여름만이 가진 매력을 다시 살려 봅시다.

가을은, 무엇보다도 그 결실 때문에 좋습니다.	들판엔 벼가 익어가고, 산엔 나무마다 열매들이 주렁주렁 걸려 있지요. 언제 보아도 그 결실은 신기할 따름입니다. 어떻게 저걸 키워 냈는지, 그 힘이 신기하지요.
└그런 가을이 짧아졌습니다.	보통 9월부터 11월 말까지 세 달은 가을이었지만, 지금은 여름이 10월까지 가고 12월부터 겨울이 시작되어, 실제로 가을은 한 달 보름 내지 한 달 정도로 짧아졌습니다.
└하여간 그래서 마음 한편에 풍성함도 짧아진 느낌입니다.	
└짧아진 가을은 우리에게 풍성함도 짧게 주고 떠납니다.	
└그래서 아쉽습니다.	풍성함을 만끽하지 못하는 가을이 되었으니까요.
└하지만 우리는 그것이 우리 탓임을 잘 압니다.	바로 우리가 그렇게 만들었으니까요.
└이제 가을을 다시 제자리에 앉혀야 하겠습니다.	
└그런데 사실, 가을의 풍성함을 맘껏 느낄 수 있도록 제자리로 돌려놓겠다는 것 또한 거만하기 짝이 없는 생각입니다.	가을을 짧게 만든 것도 있어서는 안 될 일이었지만 짧아진 가을을 다시 길게 한다는 생각은 마치 신이라도 된 듯 모든 것을 다 할 수 있다는 오만함의 극치를 보여 줍니다.
	물론 짧아진 가을을 제자리로 돌려놓기 위한 노력은 해야 합니다. 하지만 노력을 하는 것과 마음만 먹으면 어떤 일도 할 수 있다는 생각은 다릅니다.

가을은, 무엇보다도 그 결실 때문에 좋습니다. 들판엔 벼가 익어가고, 산엔 나무마다 열매들이 주렁주렁 걸려 있지요. 언제 보아도 그 결실은 신기할 따름입니다. 어떻게 저걸 키워 냈는지, 그 힘이 신기하지요.

그런 가을이 짧아졌습니다. 보통 9월부터 11월 말까지 세 달은 가을이었지만, 지금은 여름이 10월까지 가고 12월부터 겨울이 시작되어, 실제로 가을은 한 달 보름 내지 한 달 정도로 짧아졌습니다. 하여간 그래서 마음 한편에 풍성함도 짧아진 느낌입니다.

짧아진 가을은 우리에게 풍성함도 짧게 주고 떠납니다. 그래서 아쉽습니다. 풍성함을 만끽하지 못하는 가을이 되었으니까요. 하지만 우리는 그것이 우리 탓임을 잘 압니다. 바로 우리가 그렇게 만들었으니까요. 이제 가을을 다시 제자리에 앉혀야 하겠습니다.

그런데 사실, 가을의 풍성함을 맘껏 느낄 수 있도록 제자리로 돌려놓겠다는 것 또한 거만하기 짝이 없는 생각입니다. 가을을 짧게 만든 것도 있어서는 안 될 일이었지만 짧아진 가을을 다시 길게 한다는 생각은 마치 신이라도 된 듯 모든 것을 다 할 수 있다는 오만함의 극치를 보여 줍니다.

물론 짧아진 가을을 제 자리로 돌려놓기 위한 노력은 해야 합니다. 하지만 노력을 하는 것과 마음만 먹으면 어떤 일도 할 수 있다는 생각은 다릅니다.

가을은, 무엇보다도 그 결실 때문에 좋습니다.	들판엔 벼가 익어가고, 산엔 나무마다 열매들이 주렁주렁 걸려 있지요. 언제 보아도 그 결실은 신기할 따름입니다. 어떻게 저걸 키워 냈는지, 그 힘이 신기하지요.
그런 가을이 짧아졌습니다.	보통 9월부터 11월 말까지 세 달은 가을이었지만, 지금은 여름이 10월까지 가고 12월부터 겨울이 시작되어, 실제로 가을은 한 달 보름 내지 한 달 정도로 짧아졌습니다.
하여간 그래서 마음 한편에 풍성함도 짧아진 느낌입니다.	
짧아진 가을은 우리에게 풍성함도 짧게 주고 떠납니다.	
그래서 아쉽습니다.	풍성함을 만끽하지 못하는 가을이 되었으니까요.
하지만 우리는 그것이 우리 탓임을 잘 압니다.	바로 우리가 그렇게 만들었으니까요.
이제 가을을 다시 제자리에 앉혀야 하겠습니다.	
; 풍성함을 주고 싶어도 못 주는 짧아진 가을에게 우리가 할 수 있는 일은 어쩌면 그렇게 어려운 일이 아닐 수 있습니다.	왜냐하면 우리가 조금만 불편해지면 되기 때문입니다.
하지만 그 불편함도 진짜 불편이 아닙니다.	어쩌면 오히려 좋은 것일 수 있습니다.
	예를 들어, 짧은 거리는 차를 이용하지 않고 걷는 것입니다. 걷는 일은 어찌 보면 차를 타는 일보다 불편한 일일 수 있습니다. 하지만 걷기는 기름을 아낄 뿐만 아니라 우리에겐 건강을 선물하기 때문입니다.

가을은, 무엇보다도 그 결실 때문에 좋습니다. 들판엔 벼가 익어가고, 산엔 나무마다 열매들이 주렁주렁 걸려 있지요. 언제 보아도 그 결실은 신기할 따름입니다. 어떻게 저걸 키워 냈는지, 그 힘이 신기하지요.

그런 가을이 짧아졌습니다. 보통 9월부터 11월 말까지 세 달은 가을이었지만, 지금은 여름이 10월까지 가고 12월부터 겨울이 시작되어, 실제로 가을은 한 달 보름 내지 한 달 정도로 짧아졌습니다. 하여간 그래서 마음 한편에 풍성함도 짧아진 느낌입니다.

짧아진 가을은 우리에게 풍성함도 짧게 주고 떠납니다. 그래서 아쉽습니다. 풍성함을 만끽하지 못하는 가을이 되었으니까요. 하지만 우리는 그것이 우리 탓임을 잘 압니다. 바로 우리가 그렇게 만들었으니까요. 이제 가을을 다시 제자리에 앉혀야 하겠습니다.

풍성함을 주고 싶어도 못 주는 짧아진 가을에게 우리가 할 수 있는 일은 어쩌면 그렇게 어려운 일이 아닐 수 있습니다. 왜냐하면 우리가 조금만 불편해지면 되기 때문입니다. 하지만 그 불편함도 진짜 불편이 아닙니다. 어쩌면 오히려 좋은 것일 수 있습니다.

예를 들어, 짧은 거리는 차를 이용하지 않고 걷는 것입니다. 걷은 일은 어찌 보면 차를 타는 일보다 불편한 일일 수 있습니다. 하지만 걷기는 기름을 아낄 뿐만 아니라 우리에겐 건강을 선물하기 때문입니다.

가을은, 무엇보다도 그 결실 때문에 좋습니다.	들판엔 벼가 익어가고, 산엔 나무마다 열매들이 주렁주렁 걸려 있지요. 언제 보아도 그 결실은 신기할 따름입니다. 어떻게 저걸 키워 냈는지, 그 힘이 신기하지요.
그런 가을이 짧아졌습니다.	보통 9월부터 11월 말까지 세 달은 가을이었지만, 지금은 여름이 10월까지 가고 12월부터 겨울이 시작되어, 실제로 가을은 한 달 보름 내지 한 달 정도로 짧아졌습니다.
하여간 그래서 마음 한편에 풍성함도 짧아진 느낌입니다.	
짧아진 가을은 우리에게 풍성함도 짧게 주고 떠납니다.	
그래서 아쉽습니다.	풍성함을 만끽하지 못하는 가을이 되었으니까요.
하지만 우리는 그것이 우리 탓임을 잘 압니다.	바로 우리가 그렇게 만들었으니까요.
이제 가을을 다시 제자리에 앉혀야 하겠습니다.	
: 겨울도 그렇습니다. 겨울의 매력도 한두 가지가 아닙니다.	
그중에서 하나만 꼽자면, 역시 새하얀 눈입니다.	눈은 우리에게 새하얀 마음, 순수함과 동심 등 깨끗한 마음이 들게 합니다.
그런데 이 겨울도 12월까지는 따뜻한 겨울이 되어 눈을 내려 주지 않고 1월이나 되어야 눈 구경을 할 수 있는데, 그나마 1월도 따뜻한 날이 많아 눈 보기가 힘들게 되었습니다.	추운 겨울이어야 마땅데 따뜻한 겨울이라니요.
이제 겨울도 추운 겨울이라는 제자리로 돌려놓아야 하겠습니다	

가을은, 무엇보다도 그 결실 때문에 좋습니다. 들판엔 벼가 익어가고, 산엔 나무마다 열매들이 주렁주렁 걸려 있지요. 언제 보아도 그 결실은 신기할 따름입니다. 어떻게 저걸 키워 냈는지, 그 힘이 신기하지요.

그런 가을이 짧아졌습니다. 보통 9월부터 11월 말까지 세 달은 가을이었지만, 지금은 여름이 10월까지 가고 12월부터 겨울이 시작되어, 실제로 가을은 한 달 보름 내지 한 달 정도로 짧아졌습니다. 하여간 그래서 마음 한편에 풍성함도 짧아진 느낌입니다.

짧아진 가을은 우리에게 풍성함도 짧게 주고 떠납니다. 그래서 아쉽습니다. 풍성함을 만끽하지 못하는 가을이 되었으니까요. 하지만 우리는 그것이 우리 탓임을 잘 압니다. 바로 우리가 그렇게 만들었으니까요. 이제 가을을 다시 제자리에 앉혀야 하겠습니다.

겨울도 그렇습니다. 겨울의 매력도 한두 가지가 아닙니다. 그중에서 하나만 꼽자면, 역시 새하얀 눈입니다. 눈은 우리에게 새하얀 마음, 순수함과 동심 등 깨끗한 마음이 들게 합니다.

그런데 이 겨울도 12월까지는 따뜻한 겨울이 되어 눈을 내려 주지 않고 1월이나 되어야 눈 구경을 할 수 있는데, 그나마 1월도 따뜻한 날이 많아 눈 보기가 힘들게 되었습니다. 추운 겨울이어야 마땅한데 따뜻한 겨울이라니요. 이제 겨울도 추운 겨울이라는 제자리로 돌려놓아야 하겠습니다.

같은 주제를 다룬 두 개의 글이 있습니다.	
└그렇다면 두 글 중의 어느 하나는 다른 글보다 조금이라도 더 이해가 쉬울 수 있습니다.	물론 같을 수도 있겠지만, 제가 하고 싶은 이야기는 같은 주제를 다룬 글이라도 좀 더 쉬운 글이 있다는 것입니다.
└그렇게 두 글 중에서 어느 글이 다른 글보다 이해가 쉽다면, 그 이유가 있어야 할 것입니다.	그래야 설명이 될 테니까요. 혹 '이유'를 어렵게 생각하실 분이 있을까 해서 덧붙이자면, 분명히 쉬운 글이 된 원인이 있을 것이라는 겁니다. 예를 들어, 낱말이 쉬웠다든가 하는 이유 말입니다.
└그 이유를 여러 가지 들 수 있겠지만, 가장 일반적인 이유부터 살펴보면 앞에서도 말씀드렸듯이 전문 용어가 아닌 일상의 용어를 사용한 이유가 있을 것입니다.	
└다음은, 어려운 것을 우리가 매일 접하는 것에 비유하여 잘 설명하는 경우도 있을 것입니다.	
└그 밖에도 다른 이유는 많을 것입니다.	
; 그리고 쉬운 글이 이유가 있는 것처럼, 이해하기 어려운 글도 그 이유가 있을 것입니다.	구체적으로 예를 들자면, 쉬운 글이 전문 용어가 아닌 일상의 용어를 사용한 것과는 반대로 일상의 용어가 아닌 전문 용어를 사용한 글이 있겠지요.
└좀 더 나은 문자 생활을 위해서 쉬운 글과 어려운 글은 왜 어렵고 쉬운지, 그 이유를 잘 찾아 장점은 살리고 단점은 개선해야겠지요.	

그러나 그보다 더 중요한 문제가 있습니다. 그것은 글의 양식입니다.

그러니까 현재 줄글 중심의 글의 양식 자체가 어렵기 때문입니다.

글의 양식이 문제라는 말씀에 대해 앞으로 자세히 설명할 예정입니다만, 우선 여기서는 '글의 양식'에 대한 이야기부터 하겠습니다.

글이 오늘의 모습을 하게 된 과정은 크게 문자를 발명하여 띄어쓰기 없이 사용하던 때와, 이후 띄어쓰기를 하게 된 시기로 나누어 볼 수 있습니다.

띄어쓰기의 사용 전후는 문자를 기록할 매체, 즉 종이의 발명 전후로 나누어진 것으로 볼 수 있습니다.

종이가 발명되면서 그전의 죽간이나 양피지보다 쉽게 종이라는 기록 매체를 구할 수 있게 되었습니다.

또한 가격도 훨씬 저렴해졌습니다.

그래서 기록 공간의 부족 때문에 낱말을 붙여 썼던 이전의 방식을 버리고 띄어쓰기를 하게 되었습니다.

종이의 발명은 띄어쓰기만을 바꾼 것이 아니라 글을 읽는 방법도 바꾸었습니다.

본래 책은 기록 매체가 귀했던 때엔 한 사람이 읽고 다른 사람들은 듣는 형태로 읽었습니다. 이때의 읽기 모형이 남아 있는데, 그것은 현재 아나운서가 뉴스를 전하는 모습입니다.

하여간 그러던 읽기는 책의 보급으로 혼자서 소리를 내지 않고 읽는 묵독의 형태로 변했습니다.

거의 현재의 모습과 같다고 할 수 있습니다.

└이제 그 읽기가 다시 한 번 변화를 앞두고 있습니다.	바로 또 한 번 매체가 변했기 때문입니다.
└앞으로 책은 종이보다 전자책 형태가 될 게 분명합니다.	물론 종이책도 남아 있을 수 있겠지요. 하지만 분명히 전자책 형태가 주류가 될 것입니다.
└그때가 되면, 읽는 방식도 다시 한 번 바뀔 것입니다.	매체가 달라졌으니 그에 따른 효과적인 읽기 방법을 찾아야 할 것이기 때문입니다.
└그 읽기 방법의 변화를 예상해 본다면, 전자책의 값싼 발행 비용으로 책이 흔해져, 예전처럼 그저 책이라서 모두 가치 있는 것이 아니기 때문에 독자는 중요한 부분만 찾아서 읽을 것으로 보입니다.	
└그러면 어떤 내용이 어디에 있는지, 어떤 논리로 글이 전개되는지 등 글에 정보를 표시하는 것이 필요해집니다.	검색을 위한 것입니다. 현재 키워드 중심의 검색이 큰 불편이 없지만 역시 불편함은 있습니다. 그것은 검색 후에 다시 내용을 읽어야 한다는 것입니다. 그런 불편까지 해소할 글이 필요할 수도 있다는 것입니다.
└그래서 현재 줄글 양식의 변화가 필요한 것입니다.	

같은 주제를 다룬 두 개의 글이 있습니다. 그렇다면 두 글 중의 어느 하나는 다른 글보다 조금이라도 더 이해가 쉬울 수 있습니다. 물론 같을 수도 있겠지만, 제가 하고 싶은 이야기는 같은 주제를 다룬 글이라도 좀 더 쉬운 글이 있다는 것입니다.

그렇게 두 글 중에서 어느 글이 다른 글보다 이해가 쉽다면, 그 이유가 있어야 할 것입니다. 그래야 설명이 될 테니까요. 혹 '이유'를 어렵게 생각하실 분이 있을까 해서 덧붙이자면, 분명히 쉬운 글이 된 원인이 있을 것이라는 겁니다. 예를 들어, 낱말이 쉬웠다든가 하는 이유 말입니다.

그 이유를 여러 가지 들 수 있겠지만, 가장 일반적인 이유부터 살펴보면 앞에서도 말씀드렸듯이 전문 용어가 아닌 일상의 용어를 사용한 이유가 있을 것입니다. 다음은, 어려운 것을 우리가 매일 접하는 것에 비유하여 잘 설명하는 경우도 있을 것입니다. 그 밖에도 다른 이유는 많을 것입니다.

그리고 쉬운 글이 이유가 있는 것처럼, 이해하기 어려운 글도 그 이유가 있을 것입니다. 구체적으로 예를 들자면, 쉬운 글이 전문 용어가 아닌 일상의 용어를 사용한 것과는 반대로 일상의 용어가 아닌 전문 용어를 사용한 글이 있겠지요.

좀 더 나은 문자 생활을 위해서 쉬운 글과 어려운 글은 왜 어렵고 쉬운지, 그 이유를 잘 찾아 장점은 살리고 단점은 개선해야겠지요. 그러나 그보다 더 중요한 문제가 있습니다. 그것은 글의 양식입니다. 그러니까 현재 줄글 중심의 글의 양식 자체가 어렵기 때문입니다.

글의 양식이 문제라는 말씀에 대해 앞으로 자세히 설명할 예정입니다만, 우선 여기서는 '글의 양식'에 대한 이야기부터 하겠습니다.

글이 오늘의 모습을 하게 된 과정은 크게 문자를 발명하여 띄어쓰기 없이 사용하던 때와, 이후 띄어쓰기를 하게 된 시기로 나누어 볼 수 있습니다. 띄어쓰기의 사용 전후는 문자를 기록할 매체, 즉 종이의 발명 전후로 나누어진 것으로 볼 수 있습니다.

종이가 발명되면서 그전의 죽간이나 양피지보다 쉽게 종이라는 기록 매체를 구할 수 있게 되었습니다. 또한 가격도 훨씬 저렴해졌습니다. 그래서 기록 공간의 부족 때문에 낱말을 붙여 썼던 이전의 방식을 버리고 띄어쓰기를 하게 되었습니다.

종이의 발명은 띄어쓰기만을 바꾼 것이 아니라 글을 읽는 방법도 바꾸었습니다. 본래 책은 기록 매체가 귀했던 때엔 한 사람이 읽고 다른 사람들은 듣는 형태로 읽었습니다. 이때의 읽기 모형이 남아 있는데, 그것은 현재 아나운서가 뉴스를 전하는 모습입니다. 하여간 그러던 읽기는 책의 보급으로 혼자서 소리를 내지 않고 읽는 묵독의 형태로 변했습니다. 거의 현재의 모습과 같다고 할 수 있습니다.

이제 그 읽기가 다시 한 번 변화를 앞두고 있습니다. 바로 또 한 번 매체가 변했기 때문입니다. 앞으로 책은 종이보다 전자책 형태가 될 게 분명합니다. 물론 종이책도 남아 있을 수 있겠지요. 하지만 분명히 전자책 형태가 주류가 될 것입니다.

그때가 되면, 읽는 방식도 다시 한 번 바뀔 것입니다. 매체가 달라졌으니 그에 따른 효과적인 읽기 방법을 찾아야 할 것이기 때문입니다. 그 읽기 방법의 변화를 예상해 본다면, 전자책의 값싼 발행 비용으로 책이 흔해져, 예전처럼 그저 책이라서 모두 가치 있는 것이 아니기 때문에 독자는 중요한 부분만 찾아서 읽을 것으로 보입니다.

그러면 어떤 내용이 어디에 있는지, 어떤 논리로 글이 전개되는지 등 글에 정보를 표시하는 것이 필요해집니다. 검색을 위한 것입니다. 현재 키워드 중심의 검색이 큰 불편이 없지만 역시 불편함은 있습니다. 그것은 검색 후에 다시 내용을 읽어야 한다는 것입니다. 그런 불편까지 해소할 글이 필요할 수도 있다는 것입니다. 그래서 현재 줄글 양식의 변화가 필요한 것입니다.

글 한 편 읽기

"산은 산이요, 물은 물이로다." 이 말씀은 사물을 있는 그대로 보라는 뜻이다. 그런데 사람들은 "산은 산이요, 물은 물이로다."라는 문장의 뜻을 뒤에 있는 "이 말씀은 사물을 있는 그대로 보라는 뜻이다."라는 문장 없이는 이해하기 어려워한다.

그렇다면 뒷받침 문장 없이 한 문장만 읽고 거기서 한 문장을 제대로 읽을 수는 없을까? 그런 생각이 들 것이다. 하지만 아직 그런 방법은 없다. 왜냐하면 그렇게 되기 위해서는 뒷받침 문장의 내용을 미리 알아야 하는데, 뒷받침 문장을 미리 알 수 있는 방법은 없기 때문이다.

소설은 그렇게 시작했다. 소설치곤 좀 딱딱한 시작이었다. 하지만 나는 바로 사야겠다는 생각이 들었다. 평생 동안 고민했던 내용이 아닌가. 설마 해결책이 나올 리야 있겠냐 싶긴 했지만 그 주변 이야기만 들어도 돈이 아깝지 않겠다 싶었던 것이다.

(……)

모든 일이 다 그렇듯이 기대가 크면 실망도 큰 법. 정말 쫓기는 시간 속에서도 시간을 내서 반 이상을 읽었는데 나오는 이야기라곤 성철 스님 이야기뿐이었다. 물론 좋은 말씀이었지만 내가 기대했던 것이 아니어서 어떡해야 하나 싶었다.

(……)

시간이 얼마나 흘렀던가. 결국 그때 소설을 끝까지 읽지 못했고 책이 어디로 갔는지도 모르니, 아마 꽤 시간이 흘렀을 것이다. 그런데 그 소설을 오늘 전자책으로 다시 보게 되었다. 좀 다른 형태로.

그것은 왼쪽과 오른쪽으로 나뉜 다단 형태였는데, 그냥 다단이 아니라 문장의 종류에 따라 왼쪽에 주요 문장이 있고 오른쪽에 보조 문장이 있는 형태였다. 그리고 나는 거기서 내가 그토록 궁금해 하던 것을 보았다. '한 문장만 보고도 그 뜻을 알 수 있는 방법'이 거기에 있었다. 그것은 시인의 마음이었다.

어설프지만 이렇게 한 편의 글이 완성되었다고 칩시다. 그리고 이제 이 한 편의 글을 읽는다는 것이 무엇이고, 어떻게 읽어야 하는지 생각해 보겠습니다.

가. 한 편의 글이란?

한 편의 글은 궁극적으로 한 문장입니다. 그러나 한 문장만 말하기 위해 한 편의 글을 쓰는 것은 아니지요. 한 편의 글을 모두 포함하는 한 문장을 쓰고, 그 한 문장을 쓰는 과정에서 이런저런 이야기를 모두 하는 것이지요. 한 마디 한 마디가 모두 소중하지 않은 문장이 없고, 마지막 하고 싶은 말은 이 모든 문장을 응축한 나의 마음을 담은 문장이 되는 것입니다. 어찌 보면 참으로 신기한 발명입니다. 어떻게 이렇게 훌륭한 것을 만들어 쓰게 되었는지 신기할 따름입니다. 아무리 생각해도 그렇습니다.

또한 글은 인간의 본능에 따른 필연적인 결과물인 듯합니다. 다른 모든 인간들과 정보를 공유하고자 하는 인간의 욕구를 충족하기 위해서는 글이라는 매개체가 꼭 필요했기 때문이지요.

나. 한 편의 글을 읽는다는 것이란?

글을 읽는다는 것은 인류라는 네트워크에 접속하는 행위입니다. 이 네트워크에는 인류의 모든 것이 들어 있고요. 인터넷으로 대표되는 그 네트워크는 그림과 문자, 표와 그래프로 이루어져 있고, 이제 소리와 동영상을 포함하게 되었습니다. 그러나 아직은 문자에 접속하는 것을 읽는다고 하지요. 실제는 이미 소리와 동영상에 더 많이 접속하고요.

어쨌거나 문자에 접속하여 읽는 행위는 약 5천 년 정도 이어져 온 방법으로, 앞으로도 계속 남아 있을 것입니다. 그래서 읽기 능력을 갖추어야 할 것입니다. 마지막이 되니까 좀 고상해지는군요. 하여간 읽기 능력은 필수입니다. 이제 다시 실무적인 이야기입니다.

결국, 글은 이런 모습입니다.

		제 목	
			글쓴이
단락	문단	문장	낱말
		문장	낱말
		문장	낱말
단락	문단	문장	낱말
		문장	낱말
		문장	낱말
단락	문단	문장	낱말
		문장	낱말
		문장	낱말

이 모습이 인류가 5천 년 동안 만들어 온 글의 형태입니다. 그리고 이것이 우리가 글을 읽는 방식입니다. 우리는 지금까지 이 글을 읽는 방식을 생각해 본 것입니다. 이를 서감도라 불렀지요. 다시 간단하게 정리합니다.

먼저, 낱말들을 읽으면서 낱말이 가진 뜻을 떠올립니다. 그리고 그 낱말들이 모여 새로 만든 뜻을 생각합니다. 그렇게 명확하게 전달하려는 정보를 문장을 통해 읽어 냅니다. 또 그 문장들이 관계를 이루면서 세세한 부분까지 설명한 정보를 이해합니다. 그리고 작은 정보의 조각들이 모인 문단을 거쳐 좀 더 큰 조각인 단락에서 설명하려는 정보를 읽습니다. 그리고 그 단락 관계를 살피면서 모든 정보를 담을 수 있는 한 문장을 읽어 냅니다. 이것이 한 편의 글을 읽는 과정입니다. 부디 이 서감도로 인류의 문자 인터넷에 잘 접속하기 바랍니다.

드디어 글 한 편까지 왔네요. 이제 글이 정보를 전달한다는 당연한 얘기에 오니 앞에서 생각해 보았던 "한 문장은 정보를 전합니다."란 말이 새삼스럽습니다. 어마어마한 정보를 담고 있는 글, 그리고 그 속에 진주처럼 숨어 있는 하고 싶은 말!

POINT

글 한 편도 정보를 전합니다.

01 아래 그림에서 가장 중요한 것이 무엇이라고 생각하는지 선택하고 그 이유를 적
어 보세요.

✐ 일곱 번째 계속되는 같은 질문에 이제 충분히 질문의 의도를 이해하셨겠죠? 관점에
따라 다른 하고 싶은 말!

 다음 글 한 편을 읽고 아래 질문에 답하시오.

글의 구성

A   글은 크게 제목과 본문으로 이루어져 있습니다. 본문은 다시 몇 개의 커다란 부분인 단락으로, 단락은 다시 몇 개의 문단으로 이루어져 있습니다. 또, 문단은 몇 개의 문장으로, 문장은 몇 개의 단어로 이루어져 있습니다.

B   글이 실제로 어떻게 구성되는지 아주 간단하게 한 단락으로 예를 들어 보겠습니다.

C   A문단은 다섯 개의 문장으로 이루어져 있는데, 첫 번째 중심 문장과 그 문장을 풀이하는 뒷받침 문장 두개와 연이은 두 번째 중심 문장과 그 문장을 풀이하는 뒷받침 문장 하나가 있습니다.

D   다음으로, B문단은 A문단을 풀이한 문단으로, 하고 싶은 말은 세 개의 중심 문장에 담겨 있습니다. 첫 번째 중심 문장은 두 번째 중심 문장으로, 두 번째 중심 문장은 세 번째 중심 문장으로 주제가 이동합니다. 각 중심 문장에는 뒷받침 문장이 하나씩 있습니다.

E   C문단은 A문단에서 이어진 문단으로, 다섯 개의 문장으로 이루어져 있습니다. 첫 번째 문장은 중심 문장이고, 두 번째 문장과 세 번째 문장은 뒷받침 문장입니다. 또, 네 번째 문장은 첫 번째 중심 문장에서 이어지는 중심 문장이고, 다섯 번째 문장은 네 번째 중심 문장에서 이어진 중심 문장입니다.

F   그래서 이 글을 보면 모두 세 개의 문단으로 이루어져 있는데, 중심 문단 A에서 이어지는 문단은 C이므로 주제가 있는 문단은 C문단입니다. 그리고 C문단의 주제 문장은 첫 번째와 두 번째 중심 문장에서 이어진 세 번째 중심 문장입니다.

G   이상에서 보는 바와 같이, 글의 구성은 논리적이고 체계적입니다. 그러므로 글을 읽을 때는 논리적으로 읽어야 합니다. 특히, 문학 작품이 아닌 실용문을 읽을 때는 더욱 그렇습니다. 사실, 논리적으로 읽지 않으면 이해가기 어렵기 때문에 다들 그렇게 읽을 수밖에 없겠지만 말입니다.

1. 제목으로 글의 주제를 추측한다면? 이 글의 요지는?

> 여기서부터는 우리가 공부했던 내용을 글로 적어 놓았습니다. 재밌게 읽어 보세요.
> 참, 제목 얘기를 못했네요. 제목은 글의 핵심 내용을 담고 있는 한 문장을 더 줄인
> 것입니다. '글은 정보를 전한다.'의 제목은 '정보를 전하는 글!'

2. B, C글의 요지는? 현재까지 요지는?

> A문단의 문장은 모두 몇 개인가요? 그 문장들의 관계가 보이죠?

3. D글의 요지는? 현재까지 요지는?

> B문단이 A문단을 풀이한 문단이라는 의미는 무엇일까요? 네, 뒷받침 문단이라고
> 할 수 있습니다. 곧 보고 정보를 담은 문단을 뜻합니다. 하고 싶은 얘기는 없겠죠?

4 E글의 요지는? 현재까지 요지는?

5 F글의 요지는? 현재까지 요지는?

6 G글의 요지는? 현재까지 요지는?

7 다 읽었으니 제목을 평가해 보세요. 제목이 좋은가요?

도착했네요. 한 문장부터 시작된 정보 전달 과정이 글 한 편에서 마침표를 찍었습니다. 참고로 문장 이전에는 낱말이 있습니다.

당신의 생각은 어떻습니까?

글쓴이는 전하고 싶은 정보를 숨겨 놓고 싶었던 걸까요? 당연히 아니겠죠? 드러내고 싶지만 정보가 많다 보니 숨겨진 것입니다. 만약, 숲 속에서 나무 한 그루만 꺼낸다면, 나무는 숲 속에 있는 것보다 잘 보이는 게 당연하겠죠?

03 다음 글 한 편을 읽고, 가장 중요하다고 생각하는 문장에 밑줄을 치시오.

A 쉬운 글은 인권이라는 말이 있습니다. 누구나 읽어야 하기 때문입니다. 읽지 못해 죽거나 억울한 일을 겪어서는 안 되기 때문입니다.

공공기관에서 사용하는 어려운 글을 쉽게 표현하자는 이야기도 그런 배경에서 나왔을 것입니다. 하지만 아직까지 쉽게 표현하자고만 할뿐 쉬워지지는 않았습니다. 또한 쉬운 글을 쓰자고 하고선 한자말이나 영어를 우리말로 고치는 수준이어서 쉬운 글을 쓰자고 하는 말이 궁색할 지경입니다. 그건 쉬운 낱말이지 쉬운 글이 아니기 때문입니다.

B 쉬운 글은 쉬운 낱말을 써야 하는 것이 마땅하고, 거기에 주제도 쉽게 파악할 수 있는 글이어야 합니다. 결국 쉬운 글은 글의 뜻을 쉽게 이해할 수 있어야 하기 때문입니다. 그래서 이렇게 제안해 봅니다.

이 글처럼, 문장과 문단 및 단락을 쉽게 이해할 수 있도록 몇 가지 장치를 두는 것입니다.

C 먼저, 문장입니다. 문장은 정보를 담은 가장 작은 단위입니다. 그러므로 쉬운 글이 되려면 문장이 제대로 정보를 담아야 합니다. 또한 문장의 정보를 이해하기 쉽게 표현해야 합니다. 그래서 문장이 담은 정보를 파악하는 데 필요한 정보 대상과 정보 초점을 문장에 표시합니다. 예를 들면, "산이 아름답다."라는 문장이 있을 때 정보 대상이 되는 '산'과 정보 대상인 '산'의 정보 초점인 '아름답다'는 낱말에 표시를 하는 것입니다.

D 다음은 문단입니다. 문단은 문장이 모여 만든 정보 단위로, 문단의 의미는 문장의 관계에서 구체화됩니다. 그런데 그 문장 관계에는 크게 핵심 내용을 담고 있는 중심 문장과 그 중심 문장을 풀어서 설명하는 뒷받침 문장이 있습니다. 그래서 이 둘을 구분하면 문단을 이해하는 데 도움이 됩니다.

E 다음은 단락입니다. 단락은 문단이 모여 만든 정보 단위로, 단락의 의미는 문단의 관계에서 구체화됩니다. 그런데 단락의 관계도 문단과 마찬가지로 핵심 내용을 담고 있는 중심 단락과 그 중심 단락을 풀어서 설명하는 뒷받침 단락이 있습니다. 그래서 이 둘을 구분할 필요가 있습니다. 현재는 한 줄을 띄는 것을 원칙으로 하지만, 꼭 지켜지는 것은 아닙니다. 그래서 단락 앞에 소제목을 붙이는 것으로 약속을 했으면 합니다.

F　다음은 문단의 관계와 단락의 관계를 표시하여 글을 이해하는 데 도움을 주는 방법입니다. 이때, 이 방법은 일반 독자에게는 필요 없을 것으로 보이며, 학습을 위해 읽어야 하는 학생들이나 수험생들에게 적합할 것입니다.

1　A 글의 주제는? 현재까지 주제는?

첫 문장은 인상에 남을 만한 조건을 갖췄지만 중요한 문장일 가능성은 그리 크지 않습니다. 다지, 거기서 시작하기 때문에 오래 기억에 남는 것입니다.

2　B 글의 주제는? 현재까지 주제는?

"제안해 봅니다." 이런 말을 꼭 써야만 하는 것일까요? 잘 쓴 문장일까요? 그것보다는 바로 '~게 제안합니다.'가 낫겠죠? 물론 그것은 글쓴이의 자유입니다만.

3　C 글의 주제는? 현재까지 주제는?

뒷받침 문장이 없는 글, 이런 글은 좋은 글일까요? 대체로 호불호가 갈리는 듯합니다. 친절한 글 입장에서 보면, 당연히 뒷받침 문장이 충분히 있는 게 없는 것보다는 훨씬 낫습니다. 가장 좋은 건 '적절한' 것이겠지요? 여기서 뒷받침 문장은?

4 D 글의 주제는? 현재까지 주제는?

____

____

✎ 예시 문단이 먼저 나오니까 이상하지요? 중심 문단이 있어야만 할 것 같은 느낌입니다. 읽기 방법에 변화가 생긴 듯!

5 E 글의 주제는? 현재까지 주제는?

____

____

✎ 글 속의 제안대로 단락 앞에는 단락 제목을 붙이는 것이 어떨까요? 글 제목처럼 말입니다. 그것이 어렵다면, 한 줄 띄기 의무화!

6 F 글의 주제는? 현재까지 주제는?

____

____

✎ 시험을 준비해야 하는 사람은 정밀하게 읽어야 하겠지요. 그래서 생각해 본 읽기 방법입니다. 사실, 시험 때문이 아니더라도 제대로 읽기 위해서 필요한 읽기법이겠죠?

한 문장의 하고 싶은 말이 한 편의 글이 되는 이유는 한 문장으로는 전달하기 어렵기 때문에, 두 문장으로도 전달하기 어렵기 때문에, 한 문단으로도 전달하기 어렵기 때문에, 두 문단으로도 전달하기 어렵기 때문에, 한 단락으로도 전달하기 어렵기 때문에, 두 단락으로도 전달하기 어렵기 때문입니다.

그래서 글 한 편 전체를 읽는 일은 결국 글쓴이가 하고 싶어 한 말 한 가지를 읽어 내는 과정입니다. 구체적으로 살펴보면, 글을 이루는 가장 큰 부분인 단락이 곧 한 문장이 되고, 몇 개의 단락이 되었든 각 단락의 한 문장들이 모여 결국엔 핵심 정보를 담은 한 문장이 되기 때문입니다.

그런데 문제는 한 편의 글을 읽기가 쉽지 않다는 데에 있습니다. 본래 복잡한 것이야 그렇다고 치고, 아무리 복잡해도 구조가 단순하고 잘 정돈되어 있어서 한눈에 알아볼 수 있으면 좋겠지만 그렇지도 않기 때문입니다.

그중에서 가장 좋은 해결책은 글쓴이에게 있다고 생각합니다. 글을 쓰는 사람이 잘 정리하여 이해하기 쉽게 써 놓으면 읽는 사람이 훨씬 수월하기 때문입니다. 다음으로 좋은 해결책은 읽는 사람이 잘 읽을 수 있는 방법을 배우는 것입니다. 설령 이해하기 어렵게 쓴 글이라도 잘 읽어 낼 수 있기 때문입니다.

글 한 편 읽기를 간단히 정리하면 다음과 같습니다.

1. 글 한 편은 하나의 정보를 담고 있다.

2. 글 한 편은 한 문장 읽기의 최대 확장판이다.

3. 글 한 편의 유형은 매우 다양하지만, 궁극적으로 한 문장 읽기와 같다. '무엇이 무엇이나, 무엇이 어찌 한다, 무엇이 어떠하냐' 등 세 가지가 있다.

4. 글 한 편의 유형은 하고 싶은 말의 문장 유형에 따라 각각 정보의 내용이 다르다. '무엇이 무엇이냐'는 정보 대상의 설명, '무엇이 어찌 한다'는 정보 대상의 행위, '무엇이 어떠하다'는 정보 대상의 상태 정보를 담고 있다.

5. 글 한 편 읽기는 여러 개의 단락을 각각 한 문장으로 읽는 한 단락 읽기와, 각 단락 속의 문

단을 각각 한 문장으로 읽는 한 문단 읽기와, 각 문단의 한 문장을 읽는 두 문장 읽기를 통해 결국 하고 싶은 말 한 문장을 파악하는 과정이다. 글 속의 모든 문장은 하고 싶은 말 속에 있으니, 글을 읽을 때는 항상 주제문 기준으로 읽어야 한다.

글의 구성

글은 크게 제목과 본문으로 이루어져 있습니다.

: 본문은 다시 몇 개의 커다란 부분인 단락으로, 단락은 다시 몇 개의 문단으로 이루어져 있습니다.

: 또, 문단은 몇 개의 문장으로, 문장은 몇 개의 단어로 이루어져 있습니다.

; 글이 실제로 어떻게 구성되는지 아주 간단하게 한 단락으로 예를 들어 보겠습니다.

: A문단은 다섯 개의 문장으로 이루어져 있는데, 첫 번째 중심 문장과 그 문장을 풀이하는 뒷받침 문장 두개와 연이은 두 번째 중심 문장과 그 문장을 풀이하는 뒷받침 문장 하나가 있습니다.

: 다음으로, B문단은 A문단을 풀이한 문단으로, 하고 싶은 말은 세 개의 중심 문장에 담겨 있습니다.

: 첫 번째 중심 문장은 두 번째 중심 문장으로, 두 번째 중심 문장은 세 번째 중심 문장으로 주제가 이동합니다.

: 각 중심 문장에는 뒷받침 문장이 하나씩 있습니다.

: C문단은 A문단에서 이어진 문단으로, 다섯 개의 문장으로 이루어져 있습니다.

: 첫 번째 문장은 중심 문장이고, 두 번째 문장과 세 번째 문장은 뒷받침 문장입니다.

: 또, 네 번째 문장은 첫 번째 중심 문장에서 이어지는 중심 문장이고, 다섯 번째 문장은 네 번째 중심 문장에서 이어진 중심 문장입니다.	
그래서 이 글을 보면 모두 세 개의 문단으로 이루어져 있는데, 중심 문단 A에서 이어지는 문단은 C이므로 주제가 있는 문단은 C문단입니다.	
: 그리고 C문단의 주제 문장은 첫 번째와 두 번째 중심 문장에서 이어진 세 번째 중심 문장입니다.	
이상에서 보는 바와 같이, 글의 구성은 논리적이고 체계적입니다.	
그러므로 글을 읽을 때는 논리적으로 읽어야합니다.	특히, 문학 작품이 아닌 실용문을 읽을 때는 더욱 그렇습니다. 사실, 논리적으로 읽지 않으면 이해가기 어렵기 때문에 다들 그렇게 읽을 수밖에 없겠지만 말입니다.

글의 구성

글은 크게 제목과 본문으로 이루어져 있습니다. 본문은 다시 몇 개의 커다란 부분인 단락으로, 단락은 다시 몇 개의 문단으로 이루어져 있습니다. 또, 문단은 몇 개의 문장으로, 문장은 몇 개의 단어로 이루어져 있습니다.

글이 실제로 어떻게 구성되는지 아주 간단하게 한 단락으로 예를 들어 보겠습니다.

A문단은 다섯 개의 문장으로 이루어져 있는데, 첫 번째 중심 문장과 그 문장을 풀이하는 뒷받침 문장 두개와 연이은 두 번째 중심 문장과 그 문장을 풀이하는 뒷받침 문장 하나가 있습니다.

다음으로, B문단은 A문단을 풀이한 문단으로, 하고 싶은 말은 세 개의 중심 문장에 담겨 있습니다. 첫 번째 중심 문장은 두 번째 중심 문장으로, 두 번째 중심 문장은 세 번째 중심 문장으로 주제가 이동합니다. 각 중심 문장에는 뒷받침 문장이 하나씩 있습니다.

C문단은 A문단에서 이어진 문단으로, 다섯 개의 문장으로 이루어져 있습니다. 첫 번째 문장은 중심 문장이고, 두 번째 문장과 세 번째 문장은 뒷받침 문장입니다. 또, 네 번째 문장은 첫 번째 중심 문장에서 이어지는 중심 문장이고, 다섯 번째 문장은 네 번째 중심 문장에서 이어진 중심 문장입니다.

그래서 이 글을 보면 모두 세 개의 문단으로 이루어져 있는데, 중심 문단 A에서 이어지는 문단은 C이므로 주제가 있는 문단은 C문단입니다. 그리고 C문단의 주제 문장은 첫 번째와 두 번째 중심 문장에서 이어진 세 번째 중심 문장입니다.

이상에서 보는 바와 같이, 글의 구성은 논리적이고 체계적입니다. 그러므로 글을 읽을 때는 논리적으로 읽어야 합니다. 특히, 문학 작품이 아닌 실용문을 읽을 때는 더욱 그렇습니다. 사실, 논리적으로 읽지 않으면 이해가기 어렵기 때문에 다들 그렇게 읽을 수밖에 없겠지만 말입니다.

쉬운 글은 인권이라는 말이 있습니다.	누구나 읽어야 하기 때문입니다. 읽지 못해 죽거나 억울한 일을 겪어서는 안 되기 때문입니다.
공공기관에서 사용하는 어려운 글을 쉽게 표현하자는 이야기도 그런 배경에서 나왔을 것입니다.	
하지만 아직까지 쉽게 표현하자고만 할뿐 쉬워지지는 않았습니다.	
: 또한 쉬운 글을 쓰자고 하고선 한자말이나 영어를 우리말로 고치는 수준이어서 쉬운 글을 쓰자고 하는 말이 궁색할 지경입니다.	그건 쉬운 낱말이지 쉬운 글이 아니기 때문입니다.
쉬운 글은 쉬운 낱말을 써야 하는 것이 마땅하고, 거기에 주제도 쉽게 파악할 수 있는 글이어야 합니다.	결국 쉬운 글은 글의 뜻을 쉽게 이해할 수 있어야 하기 때문입니다.
그래서 이렇게 제안해 봅니다.	
이 글처럼, 문장과 문단 및 단락을 쉽게 이해할 수 있도록 몇 가지 장치를 두는 것입니다.	
; 먼저, 문장입니다. 문장은 정보를 담은 가장 작은 단위입니다.	
그러므로 쉬운 글이 되려면 문장이 제대로 정보를 담아야 합니다.	
: 또한 문장의 정보를 이해하기 쉽게 표현해야 합니다.	
그래서 문장이 담은 정보를 파악하는 데 필요한 정보 대상과 정보 초점을 문장에 표시합니다.	예를 들면, "산이 아름답다."라는 문장이 있으면 정보 대상이 되는 '산'과 정보 대상인 '산'의 정보 초점인 '아름답다'는 낱말에 표시를 하는 것입니다.

: 다음은 문단입니다.	문단은 문장이 모여 만든 정보 단위로, 문단의 의미는 문장의 관계에서 구체화됩니다.
그런데 그 문장 관계에는 크게 핵심 내용을 담고 있는 중심 문장과 그 중심 문장을 풀어서 설명하는 뒷받침 문장이 있습니다.	
그래서 이 둘을 구분하면 문단을 이해하는 데 도움이 됩니다.	
: 다음은 단락입니다.	단락은 문단이 모여 만든 정보 단위로, 단락의 의미는 문단의 관계에서 구체화됩니다.
그런데 단락의 관계도 문단과 마찬가지로 핵심 내용을 담고 있는 중심 단락과 그 중심 단락을 풀어서 설명하는 뒷받침 단락이 있습니다.	
그래서 이 둘을 구분할 필요가 있습니다.	현재는 한 줄을 띄는 것을 원칙으로 하지만, 꼭 지켜지는 건 아닙니다.
그래서 단락 앞에 소제목을 붙이는 것으로 약속을 했으면 합니다.	
: 다음은 문단의 관계와 단락의 관계를 표시하여 글을 이해하는 데 도움을 주는 방법입니다.	이때, 이 방법은 일반 독자에게는 필요 없을 것으로 보이며, 학습을 위해 읽어야 하는 학생들이나 수험생에게 적합할 것입니다.

쉬운 글은 인권이라는 말이 있습니다. 누구나 읽어야 하기 때문입니다. 읽지 못해 죽거나 억울한 일을 겪어서는 안 되기 때문입니다.

공공기관에서 사용하는 어려운 글을 쉽게 표현하자는 이야기도 그런 배경에서 나왔을 것입니다. 하지만 아직까지 쉽게 표현하자고만 할뿐 쉬워지지는 않았습니다. 또한 쉬운 글을 쓰자고 하고선 한자말이나 영어를 우리말로 고치는 수준이어서 쉬운 글을 쓰자고 하는 말이 궁색할 지경입니다. 그건 쉬운 낱말이지 쉬운 글이 아니기 때문입니다.

쉬운 글은 쉬운 낱말을 써야 하는 것이 마땅하고, 거기에 주제도 쉽게 파악할 수 있는 글이어야 합니다. 결국 쉬운 글은 글의 뜻을 쉽게 이해할 수 있어야 하기 때문입니다. 그래서 이렇게 제안해 봅니다.

이 글처럼, 문장과 문단 및 단락을 쉽게 이해할 수 있도록 몇 가지 장치를 두는 것입니다.

먼저, 문장입니다. 문장은 정보를 담은 가장 작은 단위입니다. 그러므로 쉬운 글이 되려면 문장이 제대로 정보를 담아야 합니다. 또한 문장의 정보를 이해하기 쉽게 표현해야 합니다. 그래서 문장이 담은 정보를 파악하는 데 필요한 정보 대상과 정보 초점을 문장에 표시합니다.

예를 들면, "산이 아름답다."라는 문장이 있을 때 정보 대상이 되는 '산'과 정보 대상인 '산'의 정보 초점인 '아름답다'는 낱말에 표시를 하는 것입니다.

다음은 문단입니다. 문단은 문장이 모여 만든 정보 단위로, 문단의 의미는 문장의 관계에서 구체화됩니다. 그런데 그 문장 관계에는 크게 핵심 내용을 담고 있는 중심 문장과 그 중심 문장을 풀어서 설명하는 뒷받침 문장이 있습니다. 그래서 이 둘을 구분하면 문단을 이해하는 데 도움이 됩니다.

다음은 단락입니다. 단락은 문단이 모여 만든 정보 단위로, 단락의 의미는 문단의 관계에서 구체화됩니다. 그런데 단락의 관계도 문단과 마찬가지로 핵심 내용을 담고 있는 중심 단락과 그 중심 단락을 풀어서 설명하는 뒷받침 단락이 있습니다. 그래서 이 둘을 구분할 필요가 있습니다. 현재는 한 줄을 띄는 것을 원칙으로 하지만, 꼭 지켜지는 것은 아닙니다. 그래서 단락 앞에 소제목을 붙이는 것으로 약속을 했으면 합니다.

다음은 문단의 관계와 단락의 관계를 표시하여 글을 이해하는 데 도움을 주는 방법입니다. 이때, 이 방법은 일반 독자에게는 필요 없을 것으로 보이며, 학습을 위해 읽어야 하는 학생들이나 수험생들에게 적합할 것입니다.